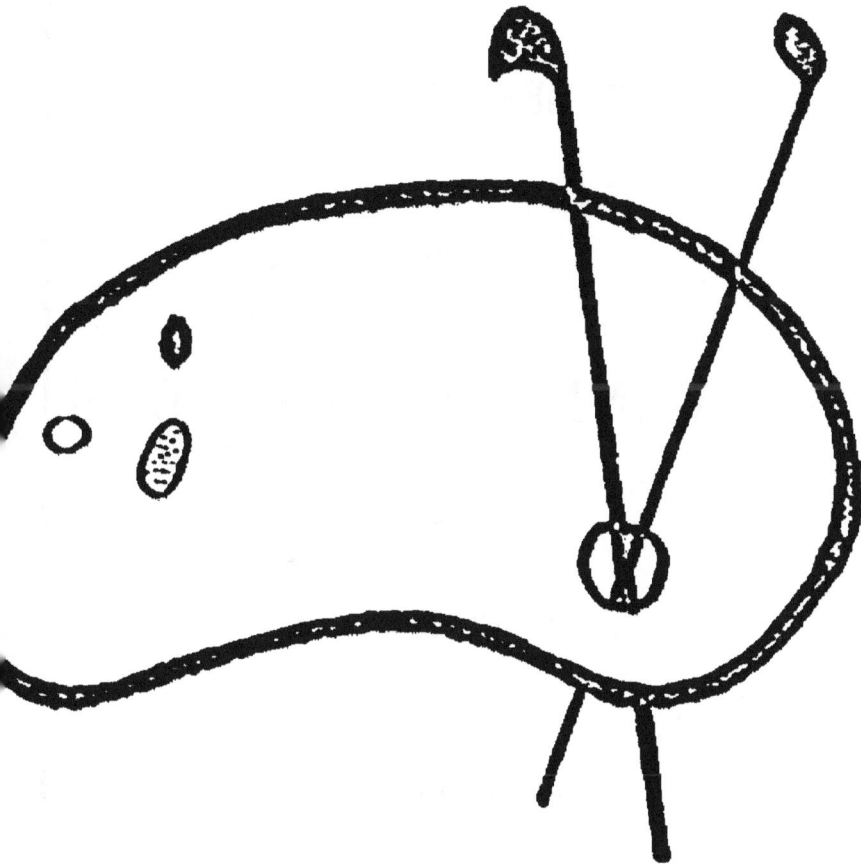

COUVERTURE SUPERIEURE ET INFERIEURE
EN COULEUR

LE VAL DE FIER

ET SES ENVIRONS

SOUVENIRS & LÉGENDES

PAR

JOSEPH BERLIOZ.

ANNECY

IMPRIMERIE DE JOSEPH DÉPOLLIER, ET Cie

1882

DU MÊME AUTEUR :

Les Mobilisés de la Haute-Savoie.
Chants populaires. — Poésies patoises du canton de Rumilly.

LE VAL DE FIER

LE VAL DE FIER

ET SES ENVIRONS

SOUVENIRS & LÉGENDES

PAR

JOSEPH BERLIOZ.

ANNECY

IMPRIMERIE DE JOSEPH DÉPOLLIER ET Cⁱᵉ

1882

Le moment n'est pas éloigné où le *Pont sur le Rhône* (près de Culoz), le *Val de Fier* (près Rumilly), les *Gorges du Fier*, le *lac d'Annecy*, le *Semnoz*, *Thônes* et le *Col des Aravis* deviendront l'échelle qui doit conduire d'impressions en impressions jusqu'au *Mont-Blanc* le touriste vraiment épris de la nature alpestre. Quand cet itinéraire sera connu et suivi, la Savoie n'aura plus rien à envier à la Suisse.

FRANÇOIS DESCOTES.

(A TRAITÉS LA HAUTE-SAVOIE, LOVAGNY et GORGES DU FIER).

A LA VILLE DE RUMILLY.

— ·· ·⋖×⋗· ⚊· ··

A toi, mon beau pays, les accents de ma lyre,
A toi, mon chant d'amour et mes plus doux accords ;
A toi, mon âme en feu ; pour toi, je veux décrire :
Tes trésors et ta gloire et mes joyeux transports,
Tes monts audacieux qui vont jusqu'aux nuages,
Tes ombrages si frais, leur plantureux gazon ;
Tes sites enchanteurs, les modestes villages,
Ton air toujours si pur, ton immense horizon.

Ton sol fécond recèle une richesse rare,
Où ton val a gardé ses sublimes horreurs ;
Sous ton paisible ciel, la nature bizarre,
Partout a répandu ses multiples grandeurs ;
Puissante ! elle a placé l'auréole éternelle
Sur le front du Mont-Blanc, se dressant vers les cieux ;
Ceins aussi ta couronne ! et qu'une ère nouvelle
Vienne ajouter ses fleurs aux fastes des aïeux !

C'est l'heure de partir pour les montagnes vertes,
A l'ombre des buissons, le long des gouffres noirs,
De chercher sur le roc les ruines désertes,
Les souterrains troués des antiques manoirs ;
C'est l'heure de marcher, de suivre sur la voie
Le pied des vieux Romains, sous les arbres charnus.
Visitez, voyageurs ! ce coin de la Savoie,
Et, dans nos murs amis, soyez les bienvenus !

J. BERLIOZ.

I.

LE RÉVEIL. — RUMILLY ET SES ENVIRONS.

RÉFLEXIONS PRÉLIMINAIRES.

Déjà de la montagne
Le soleil tout joyeux,
Inonde la campagne
Où tout est vaporeux.
Dans le jardin les roses,
Sur l'amandier les fleurs
Donnent sitôt écloses,
De suaves senteurs.
Et la tendre hirondelle,
Sur mon volet ouvert,
De grand matin m'appelle
Sous le feuillage vert.

Nous voici tous sans doute
Prêts à marcher au jour,
Nous voici sur la route,
Disant un chant d'amour.
Jeune et rieuse troupe,
Chantez à l'unisson,
Que tantôt chaque groupe
Fouille chaque buisson.
Avec désinvolture,
Sans craindre aucun danger,
Explorez la nature
D'un pied sûr et léger.

Parcourez notre ville,
A l'antique splendeur,
Le cottage fertile,
Nos champs pleins de verdeur.
Près du Chéran qui roule
Une salutaire eau,
Au bas du mur qui croule,
Au pied du vieux château.
Sillonnez le rivage,
Interrogez le cours
De l'onde, sous l'ombrage,
Limpide, allant toujours.

Sur cette terre alpestre,
Sondez les bois touffus,

Marcellaz, Saint-Sylvestre,
Et leurs chemins feuillus.
Pieuillet, l'Annonciade,
Et les murs du vieux fort,
Où maint Alcibiade,
Git, couvert par la mort ;
Et Germonex qui donne
Ses beaux muguets fleuris,
Au berger qui piétonne.
Dans ses bosquets chéris.

Ou bien, vers les grands prés où le pâtre s'égare,
Sous les ormes touffus où coule le ruisseau,
Et vers l'antique tour, dont le lierre s'empare,
Près des abimes creux, où court en grondant l'eau.
Venez au fond de l'antre, où parle la légende,
Et vers la froide dalle où reposent les morts.
Loin du bruit des cités, que votre cœur s'amende,
Sur ce massif rocher, dont les noirs contreforts
Dans le gouffre ont scellé d'immuables assises,
Au-dessus, dans l'espace, étendez vos regards,
Voyez les monts grandir, leurs gigantesques frises,
Former autour de vous d'invincibles remparts.

La ville de Rumilly est très-ancienne, et sa fondation, suivant quelques historiens, serait due à une colonie romaine. Agréablement située dans une plaine riante et que l'on appelle à juste titre le *Grenier de la Savoie*, entourée de collines plantureuses, la vieille capitale de l'Albanais a eu autrefois son importance et sa gloire. Grâce à sa position topographique, elle est demeurée le centre d'un des plus beaux et des plus riches cantons agricoles de la Haute-Savoie.

Ses environs sont des plus pittoresques, pleins de souvenirs historiques et de légendes. Ce pays intéressant, sous tous rapports, est susceptible de grandes améliorations, et depuis longtemps il appelle à son aide des explorateurs pour la beauté de ses sites, les touristes pour ses châteaux démantelés, les géologues pour les gorges sauvages de son Val-de-Fier, un commerce plus étendu et l'industrie pour ses cours d'eau.

L'agriculture constitue aujourd'hui sa principale ressource en blés, fruits, bestiaux, céréales et autres produits. Quelques côteaux fournissent des vins blancs très-estimés, et les résultats obtenus dès 1861, pour la culture des tabacs, sont des plus satisfaisants.

Rumilly est bâti entre le torrent de la Néphaz et la rivière du Chéran qui reçoit les eaux du premier au-dessous du promontoire triangulaire du vieux château, dont quelques vestiges se voient encore à fleur de terre et qui, sous la domination romaine, faisait déjà du chef-lieu de l'ancien Albanais une place forte.

Marcellaz et Saint-Sylvestre sont deux collines fertiles et

boisées, sises au levant de Rumilly; la colline de Sales se
trouve au nord-est. Deux inscriptions romaines et des vestiges
d'antiquité ont été découverts sur cette dernière commune où
l'une d'elles a été encastrée et peut facilement être lue au-
dessus de la porte du presbytère actuel. Sur le territoire de
Sales et à quatre kilomètres de Rumilly, se voient encore quelques fossés et vieux murs du fort de l'Annonciade, occupé en
1600 par Henri IV, rasé et détruit après un nouveau siège par
Louis XIII, lors de la prise de Rumilly en 1630. Et à peu de
distance, sur la même commune, le bois de Germonex étale
une riche couronne d'arbres et de verdure au pied de la colline de Marcellaz, où s'élève le château de Pieuillet et où deux
frères, illustres par leur renommée et leurs travaux et dont
Rumilly s'honore d'être la patrie, sont venus finir dans la
retraite une carrière noblement remplie. Le premier, Anne-
François de Juge de Pieuillet, successivement intendant de plusieurs provinces, fut bientôt appelé à administrer, en qualité
d'intendant général, l'île de Sardaigne, où il fut remarqué par
la vigoureuse impulsion qu'il donna tant à l'agriculture qu'au
mouvement industriel et commercial. Il fut, dans la suite, premier officier du ministère, et fut quelque temps régent du
ministère du royaume de Sardaigne en 1847. A cette époque,
appelé au Conseil d'Etat, il reçut la croix de commandeur des
saints Maurice et Lazare en 1852, et celle de grand-officier en
1856. Il mourut à Pieuillet le 3 août de la même année, et fut
inhumé dans le cimetière de Rumilly. Plus tard, le 22 janvier
1863, décédait, au château de Pieuillet, Auguste de Juge, frère
du précédent, président honoraire de la Cour d'appel de Chambéry. Membre de l'Académie de Savoie dès 1841, Auguste de
Juge de Pieuillet cultiva avec succès les lettres et la poésie. Il
a publié, sous le patronage de Lamartine, les *Inspirations
religieuses*, en 1834. Le *Fabuliste des Alpes*, qu'il fit paraître
en 1853, obtint un immense et légitime triomphe; son *Lac de
Genève*, ses *Gorges du Fier*, description vive et brillante du
Val-de-Fier; outre plusieurs autres pièces de vers et œuvres
remarquables, commandent l'admiration et constituent, pour
leur auteur, une juste et impérissable renommée.

Le clocher de Marcellaz, au sommet de la colline de ce nom, perpétue le souvenir d'un tragique événement arrivé vers l'année 1712. Lecteurs, si toutefois il vous plaît de parcourir les plateaux couverts de châtaigniers, qui couronnent la riche plaine de Rumilly, faites une halte à Marcellaz, et demandez au premier villageois que vous rencontrerez, la légende du seigneur de Montfaucon de Rogles. Ce dernier possédait près de l'église, au dit lieu, un antique castel, qui lui servait de résidence pendant le temps des chasses. Aujourd'hui encore, vous trouverez sculptées sur les vieux murs, les armoiries nobiliaires des sires de Pontverre suivant les uns, ou des nobles de Montfaucon de Rogles, suivant les autres. A vingt ou trente pas de la maison blasonnée, se trouve l'église. Entrez dans la tour du clocher, et au-dessus de la porte du cimetière, dans le mur intérieur, levez les yeux et voyez. Une tête de mort est là conservée et scellée dans le mur. Cette tête est celle de noble de Montfaucon de Rogles.

Et maintenant voici la légende : De Rogles s'était épris de la fille de son fermier de Marcellaz, où il venait souvent sous prétexte de chasse, mais en réalité pour donner suite à ses coupables desseins. Or, ses projets de séduction durent échouer devant la résistance opiniâtre de la jeune paysanne, dirigée, dit-on, en cette circonstance, par le vicaire de Marcellaz. Le seigneur de Rogles exaspéré, rencontra un jour ce dernier, non loin du village, dans un endroit isolé, et armant son fusil, fit feu sur le prêtre qui, à l'instant, tomba inanimé. Le meurtrier fut pendu au hameau de Marcellaz et la sentence, rendue par arrêt du Sénat de Savoie, ordonnait que sa tête serait clouée à l'endroit le plus apparent de l'église, pour y rester à perpétuité. L'arrêt du Sénat fut ponctuellement exécuté.

Nous empruntons à Jacques Replat, page 114 de ses *Bois et Vallons*, les réflexions suivantes relatives à la tête du supplicié de Marcellaz :

« Après avoir fait sa belle part à la légende, on peut se « demander si pareille relique est bien placée dans la maison « du Dieu de miséricorde ? S'il ne serait pas mieux séant de « rendre à la terre ce débris humain, triste monument d'une

« époque de justice sauvage, qui, non contente de frapper le
« coupable, le poursuivait jusque dans la tombe, franchissant
« ainsi la limite où commence l'éternelle justice? »

II.

LE DÉPART. — SALUT AU MONT-BLANC.

LA TOUR DE CRÊTE.

Or, le départ commence.
Nous sommes dix en tout.
L'un prend la présidence
Et surveille partout.
Quand notre ardeur chancelle
Ou s'affaiblit parfois,
Bien vite il nous rappelle,
Et, général courtois,
Son bras à chacun donne
Un vigoureux appui ;
Il dirige, il ordonne,
Et tout est sûr en lui.

Notre marche est alerte ;
La plaine en belle humeur,
De mille fleurs couverte,
Etale sa vigueur.
Et depuis la colline,
L'œil voit à l'horizon
Un grand point qui domine,
Brille en toute saison.
La joyeuse cohorte,
Sitôt se place en rang,
Et vient allègre et forte,
Saluer le Mont-Blanc.

A nos yeux, la Tournette
Etale avec orgueil
La grise silhouette
De son massif fauteuil.
Dans une gorge étroite
Le Fier est devant nous,
Le Semnoz est à droite,
Saint-Sylvestre au-dessous,
Dont la flèche argentée
Dans la brume du soir,
En lumineuse fée
Se laisse apercevoir.

Nous traversons Vallières,
On dirait presqu'un bourg,

Ses maisons régulières
Ont l'aspect d'un faubourg ;
Un léger brouillard couvre
Lornay, gentil hameau,
Dont le grand castel s'ouvre
Tout au bas du coteau.
En haut le soleil dore
Les prés, le buisson vert,
Et, dans la plaine encore
Tout apparaît désert.

Sur le tertre de Crête,
Sort une vieille tour
Où le regard s'arrête,
Où s'enfuit le vautour.
Quand les monstrueux gnomes
Vont gémir sur les monts ;
Quand les hideux fantômes
Des fantasques démons,
Au milieu des décombres
Etendant leurs grands bras,
Traînent dans les nuits sombres
Leurs fers avec fracas.

Ah ! dites-nous, vieux murs, votre époque et votre âge,
Pour résister aux ans quelles humaines mains
Sur la roche ont construit le colossal ouvrage
Aux pieds duquel, jadis, ont passé les Romains ?

Des barbares puissants, racontez-nous les luttes.
Des sarrazins vainqueurs, les massacres sanglants,
Des comtes ennemis, les combats, les disputes,
Et les fréquents assauts des barons arrogants ?
Qui chantait leurs exploits ?.. Leurs fastes et leurs armes?
Dans ces temps belliqueux, nulle trève, ni paix ;
Le pauvre peuple, hélas ! versait d'amères larmes :
Esclave obéissant, sans se lasser jamais...

.Sur l'ancienne route de Genève et au-dessous de celle nouvellement établie pour aller à Seyssel, à trois cents mètres environ, après avoir dépassé le pont Mottet, à droite et sur la rivière du Fier, se trouve le pont de Copet bâti en 1026, occupé en 1814 par le général autrichien Klebelsberg et repris bientôt par le général Dessaix, qui s'était porté, le 24 février de la même année, à Rumilly, en balayant tous les postes que l'ennemi avait échelonnés pour protéger sa retraite.

Avant d'arriver au village de Vallières, à quelques mètres au-dessous de la bifurcation de la grande route de Genève au chemin de Saint-Eusèbe, le voyageur peut admirer, quand le temps est pur, la tête du Mont-Blanc, se découpant et se dressant fière au-dessus des montagnes qui l'environnent.

Vallières. — La mère de saint François de Sales est née à Sionnaz, hameau de Vallières, au-dessus du château de Chitry.

Lornay. — On lit dans l'*Histoire de Rumilly*, par Jean-François Croisollet, les deux passages suivants :

« Le château de Lornay était autrefois le fief de l'une des branches de la maison de Menthon, les Menthon-Lornay.

« L'un d'entr'eux, Guillaume de Lornay, après avoir été archidiacre de Carpentras et camérier du pape Clément VII, fut élu à Avignon, évêque de Genève, le 4 des ides d'octobre de l'an 1388. Ce fut lui qui fit faire en 1407, la belle cloche de Saint-Pierre de Genève, du nom de Clément VII. Il mourut le 31 octobre 1408. »

Crête, sur la commune de Versonnex. — Le château de Crête devint la résidence des sires d'Hauteville, quand ceux-ci

eurent abandonné le château d'Hauteville aux comtes de
Genève.

Les sires d'Hauteville étaient maîtres de Versonnex et de
Sion ; ils y exerçaient la haute justice et l'omnimode-juridiction,
suivant la terrifiante formule féodale. — (Croisollet. *Histoire
de Rumilly.*)

III.

LE VILLAGE DE SAINT-ANDRÉ.

LA SOURCE D'EAU MINÉRALE.

Blotti dans le feuillage,
Aux pieds des monts caché,
Pittoresque village,
En deux parts détaché ;
Ecumante et profonde,
Captive sous ton pont,
Sous des murs passe une onde
Qu'on croit franchir d'un bond.
La légende et l'histoire
Gardent ton souvenir ;
Je respecte ta gloire,
Salut à l'avenir !

2

Sous des amas de terre,
Le manoir féodal
Chaque hiver se resserre
Dans un oubli fatal.
Il n'est plus nulle trace
Des créneaux et des tours ;
L'herbe couvre la place
Des portes et des cours ;
Plus bas coule une source
Que le pauvre bénit,
Où l'eau marque en sa course
Le sable qui jaunit.

Où, près du Fier qui gronde,
Au pied du chêne ombreux,
Un seul filet inonde
Le sol maigre et pierreux.
Puisse l'eau sulfureuse
Convertir à son tour,
La roche recéleuse
En somptueux séjour ;
Et, vers les noirs abîmes
L'homme ouvrir un accès,
Par des efforts sublimes,
Au travail, au progrès.

Gloire à la main tenace
Que mon cœur vient chercher,

Et qui, dans son audace, (1)
Créa sur le rocher
Un passage facile
Plein de sombre grandeur,
Où le voyageur file,
Dans sa fébrile ardeur ;
Où, le poëte arrête
Et suspend son essor,
Où tout pour lui se prête
A merveilleux décor.

(1) M• La Ravoire Joseph-Amédée, ancien maire de Rumilly.

L'idée première de la construction de la nouvelle route du Val-de-Fier, commencée en 1854, est due à M. Joseph-Amédée La Ravoire, ancien maire de Rumilly, que l'on doit regarder, à juste titre, comme le promoteur persévérant et infatigable de l'ouverture de la voie actuelle; toutefois, un sentier pour les piétons avait été établi dès 1847.

« Val-de-Fier, magnifique voie romaine située en Savoie, « entre Saint-André-de-Rumilly et Seyssel, et qui longe la « rive droite de la rivière du Fier, sur l'étendue d'une lieue, « entre deux montagnes bien boisées, d'une pente rapide et « d'une prodigieuse élévation. Cette voie, dont la largeur est de « quatre mètres soixante-dix centimètres, est un des plus beaux « restes de voie romaine des Etats sardes. Elle faisait commu- « niquer les Allobroges avec les Sequani et avait, à l'embou- « chure du Fier dans le Rhône, une station appelée Condate « dans la table de Peutinger.

« L'aspect des lieux dans ce val resserré est d'un pittores- « que effrayant. Toutes les légendes, celles des Romains, des « Druides, des Fées, du Moyen-Age, y sont pêle-mêle confon- « dues; il y a là une riche moisson à cueillir pour un ami des « sublimes horreurs. Une route qui a été ouverte en 1855, « longe cette voie et lie l'ancien Albanais à la France par le « département de l'Ain. La société géologique de France a ex- « ploré ce passage le 24 août 1844, époque où elle tenait ses « séances à Chambéry.

« En janvier 1814, une compagnie de Français fit sauter
« le pont de Saint-André, après en avoir défendu le passage
« contre une colonne autrichienne sous les ordres du général
« Zeigmester. » — (*Encyclopédie catholique*, Paris 1859, arti-
cle Val-de-Fier.)

D'autre part, on lit dans la notice historique sur la route
du Val-de-Fier, par M. Joseph-Amédée La Ravoire, pages 8
et 9 :

« La vallée de Rumilly est fermée au nord-ouest par la
montagne de Saint-André. Non loin du village de ce nom, la
montagne, dans un ébranlement convulsif, paraît s'être violemment entr'ouverte et comme déchirée de l'est à l'ouest, pour
donner passage à la rivière. C'est dans ces gouffres que coule
le Fier. Ses eaux sont tantôt tranquilles et pures, tantôt rapides
et impétueuses, tantôt enfouies sous des rochers, tantôt s'éten-
dant en large nappe.

« Autrefois une voie romaine, via *Allobrogum ad Sequanos*,
traversait ces gorges abruptes et aboutissait à la station *Condate*. A quelle époque cette route a-t-elle été construite? A quelle
époque a-t-elle été détruite? On ne peut le déterminer avec
précision.

Quintus Fabius Maximus, surnommé l'Allobroge (*allobro-
gicus*), vivait en l'année 632 de la fondation de Rome, soit 118
ans avant la naissance du Christ.

On pourrait peut-être, sans anachronisme, attribuer à cette
époque la construction de cette voie romaine ; on a trouvé une
médaille consulaire frusque.

Les médailles trouvées et qui rappellent les noms d'Auguste, Trajan, Adrien, Antonin le Pieux, Commode, Alexandre
Sévère, Dioclétien, Licinius, Constantin le Grand, porteraient
à penser que cette route, ouverte sous les consuls, existait encore sous le dernier de ces empereurs.

« Non loin de la gorge de Saint-André, sur la rive gauche
de la rivière, se trouve une source d'eau minérale. La décou-
verte de celle-ci est due à M. le chevalier Descostes, docteur

médecin de Rumilly, actuellement à Lyon. M. Calloud, pharmacien à Chambéry, chimiste distingué, membre de l'Académie de Savoie, originaire de Rumilly, a, dans un précieux opuscule sur les eaux minérales de la Savoie, fait connaître le résultat de son analyse et les qualités de la fontaine de Saint-André.

« On a trouvé des vestiges de canaux en tuiles ou briques de l'époque romaine, ce qui semblerait indiquer que cette source était autrefois importante et fréquentée. » — (La Ravoire, *Notice historique sur la route du Val-de-Fier*.)

IV.

L'ANCIENNE ÉGLISE.

Aux flancs de la montagne,
Un gigantesque roc
Surplombe la campagne ;
Et, tout autour du bloc,
Pour atteindre la cime,
Un chemin tortueux
Nous conduit et s'imprime
Sur un sol raboteux,
Où l'antique chapelle
Montre avec ses vieux murs,
Fidèle sentinelle,
Les sites les plus purs.

Où, sous la dalle grise
A l'ombre de la croix,
Près de cette humble église.
L'on plaçait autrefois
A quelques pieds sous terre,
Vassaux et châtelains.
De nos jours, le pâtre erre
Sur des restes humains,
Et sa chanson fredonne
L'air d'un gai troubadour,
Mais à sa voix personne
Ne répond à l'entour.

O vous qui recherchez une gloire éphémère,
Vous, dont le cœur hautain ne rêve que l'orgueil,
Ambitieux du jour, voyez votre chimère.
Sur ce mont, au hasard, fouillez dans un cercueil ;
Remuez ces débris, agitez-en la cendre ;
Dites où fut le mal, cherchez où fut le bien ;
Palpez des os blanchis, surtout venez apprendre,
Que la fortune passe et que l'homme n'est rien.

Creusez au pied du mur, dans cette tombe ouverte,
Découvrez le baron, à la puissante main,
Ou le pauvre vassal, sous l'herbe toujours verte.
Lequel fut le seigneur? Et quel est le vilain?

Et dans les buissons noirs, quand le vent seul soupire,
Quand la chouette au loin pousse un cri de terreur,
Sur ce funèbre bloc, quel homme pourra dire :
Là repose le maître, ici le serviteur ?

Mais plus haut la montagne élève sa couronne
Et le milan parfois sait y bâtir son nid.
Dans les antres profonds l'écho bruyant résonne.
Au bas, le Fier grondeur se débat dans son lit,
Et, près du lierre épais des murailles romaines,
L'œil aperçoit le Val, le Rhône et Chateaufort,
Au levant les grands bois, et les champs dans les plaines,
Et les arbres ployant sous un fertile apport.

V.

LE PONT NATUREL OU PONT NAVET.

Mais soudain, le chef guide
Notre élan vagabond,
Par un sentier rapide
Vers le gouffre profond;
Par ce chemin où passe
Le fraudeur dans la nuit,
Fuyant en vain la chasse
Du garde qui le suit.
Où, d'un coup, calme et morte,
Et sur un sable fin,
Que parfois elle apporte,
L'eau du Fier git enfin.

Où, dans ce cours bizarre
Elle vient se tapir
Sous le roc qui la barre
Et veut la conquérir.
Elle arrive tranquille
Se blottir dans un lac
A surface immobile,
Où ni barque, ni bac,
N'atteint sa solitude ;
Un instant le Fier dort,
Paix à sa quiétude,
Il n'est plus, il est mort.

Et captif sous la roche,
En entier recouvert,
Nul homme ne l'approche.
Là, près du sentier vert,
Coule une source pure,
Tombant en fines pleurs
Dans la caverne obscure,
Où les merles moqueurs
Sous une immense voûte,
A l'abri des combats,
Où rien ne les déroute,
Prennent leurs vifs ébats.

Tout près, pour qu'on le cueille,
Grimpe le liseron,

Et court le chèvrefeuille;
Parfois le jeune aiglon
Descend de la montagne,
Effleurant dans son vol,
Quand la faim l'accompagne,
Le nid du rossignol,
Nid fait d'herbe et de mousse,
Près du fidèle écho,
Où, dans la nuit, il pousse
Son langoureux credo.

Au-dessus de nos têtes
Se détachent les monts.
Et parfois les tempêtes
S'élèvent sur leurs fronts.
Pour orner ces parages,
Tout semble mis en jeu :
Dans les bois, les ombrages,
Et bien haut le ciel bleu.
Or, d'un coup l'aspect change,
Sous un savant pinceau,
Et de ce bloc étrange
Le Fier sort à nouveau.

Il sort plus calme et coule
En flots majestueux,
Et comme un serpent roule
En replis vigoureux,

Dans un sombre repaire
Son corps souple et luisant.
Dans ce cours solitaire
Le Fier est plus brillant,
Au pied des pyramides,
Se baignant dans son eau,
Vers les parois humides
Où fleurit le rameau.

VI.

LA DAME BLANCHE OU LA CHAMBRE DE LA DAME.

Plus bas est la cellule
Où se fixa, dit-on,
Dans sa peur ridicule,
Et fuyant le vallon,
La grande Dame blanche
Dont parle le hameau;
Quand le soir, sur la planche,
A l'abri sous l'ormeau,
Une noire conteuse
Pour la centième fois
Répète, radoteuse,
Le dicton villageois.

3

« Il était une fois, au pied des monts, dit-elle,

« Dans ce même cottage, un riche et fort baron,

« Logé dans un manoir dont la haute tourelle,

« Vieille comme le Christ, montrait un fier blason.

« Tout le monde exaltait sa gloire et sa clémence,

« Et, sur lui, nul seigneur n'avait pu rançonner.

« Puis son peuple l'aimait de cet amour immense

« Qu'il sait parfois aux grands, en certains jours, donner,

« Quand ils en ont le droit, et quand le peuple pleure

« En un commun danger, souffrant les mêmes maux,

« Quand tous sont citoyens, à cette sublime heure

« Où l'âme plus fort vibre, où les cœurs sont égaux.

« Bien loin aux alentours, s'étendait son domaine ;

« Il avait des étangs, des moulins, des cours d'eau,

« Le plantureux verger, où coule la fontaine

« Où le berger le soir abreuve son troupeau,

« Où de nos jours encor, plus d'un rêveur s'égare

« Sous les chênes touffus, où l'onde vient jaillir.

« Mais le maître n'est plus. Seule, une fille avare,

« De ces temps reculés transmet le souvenir,

« Et dans l'antre profond, où le grand cénobite

« Ignoré des humains, avait construit son mur,

« Vers les abîmes noirs, elle vint, la maudite,

« Enfouir et son or et le cœur le plus dur.

« Car la baronne mère, à son tour était morte,

« Et, seul, l'effroi régnait dans l'antique château.

« Sous le chaume on pleurait ; 'le deuil à chaque porte,
« Hélas ! tendait partout son lugubre manteau.
« Dans ces jours de terreur, une main criminelle
« Arrêtait le passant, vers le poudreux chemin
« Où le site est sauvage, où le vieux mur. rappelle
« Près des gouffres l'horreur, le meurtre et le larcin.
« Peuple ! en vain tu fuyais ! toujours à cette place,
« La nuit marquait le sang, le pillage ou le vol,
« Et l'homme dépouillé par une main rapace,
« Gisait le lendemain, tout meurtri sur le sol. »

Lorsque l'écho frémit, quand le tonnerre gronde,
Lorsque sur les rochers s'agitent les rameaux,
Quand le ciel est en feu, lorsque l'éclair abonde,
De la montagne, alors, sous les sombres arceaux
Où se trouve son or, sans jamais perdre haleine,
La grande Dame blanche arrive dans la nuit.
Mais elle part soudain, car son âme est en peine ;
Dès qu'une main l'approche, aussitôt elle fuit.
Son pied laisse partout une mortelle empreinte,
Vers ce sombre séjour, un immense flambeau
Allume en ce réduit une lugubre teinte,
Et sa chambre paraît un funèbre caveau.

« Il y a bien des années, dit la légende, une dame, pour se préserver de la peste qui ravageait Saint-André, se retira dans les Gorges du Fier et se bâtit un petit ermitage sur un roc, à l'entrée d'une caverne. La dame était si avare qu'elle avait laissé mourir sa mère plutôt que de faire des dépenses pour la guérir de la maladie noire; elle volait les pauvres qu'elle rencontrait sur son chemin. Chargée d'argent et poursuivie par les malédictions de ceux qu'elle n'avait pas voulu secourir, elle se cacha dans la grotte où personne n'osait l'inquiéter, parce qu'on la regardait comme une magicienne. On ne sait ni quand ni comment elle quitta le monde; seulement, son âme en peine apparaît de temps en temps, environnée d'une longue robe blanche et portant à la main un flambeau. Aux jours de tempête, quand le vent du nord chasse les brouillards dans ces gorges, on voit, à minuit, le spectre pliant sous le poids d'un sac d'argent et obligé de sauter d'un roc à l'autre. Où il pose le pied, le roc se fend et les buissons qu'il a touchés sèchent aussitôt. » — (*Allobroge*, revue scientifique et littéraire des Alpes françaises et de la Savoie. — *Histoire de Rumilly*, par Croisollet.)

Aujourd'hui encore, le voyageur arrivé sous le grand rocher et penché sur le parapet de la route qui surplombe l'abîme, à cent vingt mètres environ du petit tunnel, découvre sur la rive gauche du Fier, les vieux murs ébréchés de la chambre de la Dame. Et, presqu'en face de ceux-ci, sur la rive droite, au-dessous de la voie, se trouvent également les ruines d'une seconde grotte murée, mais celle-ci ne peut s'apercevoir que du côté opposé à la route du val, ou du bas de la rivière. Plusieurs membres du Club-Alpin, section de Rumilly, parmi lesquels l'auteur de ces lignes a eu la bonne fortune de figurer en 1877, ont exploré au moyen de bâteaux, au mois de septembre de la dite année, la rivière du Fier, à partir du pont Navet, sous lequel ils ont pu librement naviguer, et de là continuer leurs recherches jusqu'à son embouchure dans le Rhône.

VII.

L'AUTEL DES SACRIFICES.

Au sein de la nature,
Exempte de tout fiel,
L'âme humaine s'épure,
S'élevant jusqu'au ciel
Qu'elle admire et contemple
Dans son sublime essor.
La montagne est un temple,
Un autre mont Thabor,
Où Dieu parle et réside
Près des sombres parois,
Sur le rocher aride,
Ou dans l'antre des bois.

Ah ! dites-nous, Grands Prêtres,
Vos émouvants accords !
Avec vous, nos ancêtres
Ont prié sur ces bords
Que l'abîme environne !
Sur ce roc échancré,
Apportant la couronne
De chêne au gui sacré,
Ont-ils mouillé la pierre
De pleurs et de sanglots,
Sur ce tertre où le lierre
Se baigne dans les flots ?

Lorsqu'une main barbare
Leur infligea des fers,
Ont-ils gardé ce phare
Au sein des noirs hivers ?
Ont-ils eu l'espérance,
Sous le dur joug romain,
De voir la délivrance
Sous un ciel plus humain ?
Ont-ils, dans vos offices,
Offert à l'Eternel
De sanglants sacrifices
Sur ce rustique autel ?

Sur la roche muette,
Seul, dans la sombre nuit,

Le vent lève et fouette,
La feuille qui s'enfuit ;
Et, sur le vieux roc pousse,
La mauve et le lichen,
L'épinette et la mousse,
Et le maigre gramen.
Mais au bas mugit l'onde,
Roulant avec fracas
Vers le fleuve qui gronde,
Et l'engloutit, hélas!

Ainsi, dans notre vie,
Nous avançons toujours,
Quand la route est fleurie,
Dans un riant parcours ;
Quand l'infortune arrive
Avec son lourd fardeau,
Notre barque dérive,
Puis chavire à vau-l'eau.
Toi, Fier, ainsi tu mènes,
Au Rhône impétueux,
Les flots que tu promènes
Dans ton lit tortueux.

Et, vers les précipices,
Admirant ta fureur,
J'ai suivi les caprices
Et ta sublime horreur.

Sous la montagne creuse,
Où rugit, dans le bas,
Ton onde impétueuse,
J'ai voulu, pas à pas,
Assister à la lutte,
A tes fougueux transports,
Puis, enfin, voir ta chute
Malgré tous tes efforts.

J'ai bravé ton écume,
Tes abîmes sans fond,
Et, le soir, à la brune,
Je t'ai vu, furibond,
Lancer, dans ta colère,
Sur les rochers géants,
Que rien ne vitupère,
De tes gouffres béants,
Une vague orgueilleuse
Qui venait s'aplatir,
Et, dans sa fuite honteuse,
Sur tes eaux rebondir.

Sur ce rocher, Tarann (1), des vaillants Allobroges,
Conte-nous le courage et la mâle fierté?

(1) Tarann ou Taranais, mot celtique qui signifiait le tonnerre. Les Celtes appelaient
ainsi Jupiter.

Celte gorge et ces monts, impénétrables loges,
Sans doute ont entendu leurs chants de liberté,
Et les cris de douleur des nombreuses victimes,
Gémissant sous les fers d'un barbare oppresseur...
Hésus (1), as-tu parlé, sur ces sauvages cimes,
Et réclamé le sang du Romain agresseur?
Antique écho du Fier qui chanta sur la rive,
Et les rudes combats, et les bouillants transports,
De ton peuple opprimé, dont la note plaintive,
Redit parfois la nuit, l'hymme des morts?.....

(1) Hésus était chez les Gaulois le dieu des combats.

En allant de Rumilly à Seyssel et à soixante mètres environ du petit tunnel, à gauche de la route, entre celle-ci et la rivière du Fier, est un promontoire au sommet duquel on retrouve des vestiges d'escaliers usés, et où l'on prétend que s'élevait un autel des sacrifices. De ce promontoire, l'on peut découvrir toutes les sinuosités de la gorge, sur une longueur de quatre kilomètres.

Le sommet de ce rocher, sur lequel on a trouvé des briques romaines et que l'on pourrait facilement explorer de nos jours, servait peut-être, au temps des Romains, pour une vigie ou corps de garde. Dans l'ancienne voie, au pied de ce même rocher, existaient les traces de roues antiques, avec des raies transversales pour empêcher les voitures de glisser. Ces vestiges ont disparu lors de la construction de la route actuelle.

La Ravoire Joseph-Amédée (*Notice historique sur la route du Val-de-Fier*); Croisollet (*Histoire de Rumilly*), et François Descostes (*A travers la Haute-Savoie, Loragny, Gorges du Fier*) relatent la situation de ce promontoire, et, presque en face de celui-ci, contre le rocher opposé, à quatre mètres au-dessus de la nouvelle route, le voyageur, aujourd'hui encore, peut découvrir quelques vestiges ou raies de l'ancienne voie, taillées dans le roc.

Il serait à désirer qu'un poteau indicateur fût placé au sommet de ce promontoire.

Quelques peuples, entre autres les Francs et les Germains, croyaient voir quelque chose de divin dans l'obscurité des

épaisses forêts, dans l'affreuse impression d'un vaste souter-
rain, dans les immenses profondeurs d'un abîme, dans la hauteur prodigieuse des rochers et de certains arbres. Ils faisaient
leurs cérémonies religieuses en plein air, et sans bâtir à la
divinité aucun temple, peut-être à cause de leur vie errante,
peut-être aussi pensaient-ils qu'il était indigne de la majesté
divine de l'enfermer dans une enceinte de murailles.

Les anciennes coutumes gauloises offrent de nombreux
exemples des diverses et singulières pratiques du culte drui-
dique, si profondément enraciné sur la vieille terre de l'Allobrogie, et ensuite si violemment extirpé par la force brutale
des Romains, un siècle environ avant la venue de Jésus-Christ.
Ainsi, le peuple professait une profonde vénération pour le
chêne, et l'usage était de faire et de porter des couronnes de
chêne dans toutes les cérémonies. Le *gui*, plante parasite qui
s'attache à cet arbre et s'y nourrit, était cueilli avec les cérémonies les plus solennelles, distribué comme une chose pré-
cieuse et sacrée, et les prêtres de cette religion portaient le
nom de Druides (prêtres des chênes), du mot *deru*, nom celtique
de cet arbre.

VIII.

LE FIER S'ÉCHAPPE DE SON BAGNE.

Hourrah! Le Fier n'est plus esclave!
Majestueux, il sort, il part,
Aux pieds d'un colossal rempart,
Dans son lit, n'ayant plus d'entrave!

Au bas du fertile coteau,
Près des pampres verts de ma vigne,
Où serpente la blanche ligne,
De l'étroit sentier du hameau.

Et, comme un prisonnier, ouvrant soudain la porte.
Au milieu de la nuit, d'une obscure prison,
Hume sitôt l'air pur, sous un libre horizon,
Le Fier ne peut dompter l'élan qui le transporte.

Vers le Rhône, il avance, il court toujours, hélas !
Sous les buissons trompeurs, glissant son onde pure,
Aux échos d'alentour, il célèbre, il murmure,
Son suprême triomphe et son prochain trépas.

En ce monde, ainsi tout succombe,
Fortune ou misère en un jour.
Riche ou pauvre, l'homme à son tour,
Dort son lourd sommeil dans la tombe.

IX.

LA CHAUTAGNE. — MON CELLIER ET SA LÉGENDE.

DESCRIPTION DE MON CELLIER. — MON VIGNERON.

A mi-coteau, voyez, au bas de la montagne,
Au sein des pampres verts, s'élever mon cellier.
C'est là que le plaisir me gagne et m'accompagne,
Où je chante au printemps, quand fleurit l'amandier,
Où je songe en été, lorsque le raisin change,
Où mes robustes bras font grincer le pressoir,
Où j'emplis mes tonneaux, au jour de la vendange,
Où, pendant les frimas, je viens parfois m'asseoir.

4

Au lever du soleil, le jour paraît et dore
La plaine et la colline, et la tour du château.
La vieille cloche tinte, un parfum s'évapore,
Et le pâtre, en chantant, rassemble son troupeau.
Ici, l'on a pour soi l'exemple de l'ancêtre,
Et le petit-fils court, plein d'une noble ardeur,
De la ferme à la vigne, et depuis ma fenêtre,
A travers champs, l'œil suit le jeune agriculteur.

Toujours de père en fils ma vigne se travaille,
Le colon est son maître, et moi l'usufruitier,
Elle est son héritage et sa serpe la taille ;
Et c'est encore lui qui remplit mon grenier,
Dans mes champs, dans mes prés, c'est lui seul qui comma
Et d'un de mes sapins fut tiré son berceau.
Ma maison est la sienne, à lui seul je demande
L'antique et lourde clé qui ferme mon caveau.

A l'école commune, à peine peut-il lire,
Qu'on lui donne aussitôt une double leçon.
Grâce aux soins du régent, bientôt il vient écrire,
Le produit des labours, au jour de la moisson.
Sur un fût renversé, tous les ans sur l'ardoise,
Il contrôle avec moi, pour chaque vigneron,
Chaque panier pesé par la gent villageoise,
Et lui-même il inscrit sur l'ardoise un chevron.

Heureux! loin des grandeurs! son existence est calme,
Il aime son pays, il sait pour lui mourir.
A d'autres les honneurs, et la gloire et la palme,
A lui l'air pur des champs qu'il a su conquérir;
Son cœur ne connaît point l'injure, ni la haine,
Il voit passer ses jours dans la simplicité.
Est-il dans les cités de morale plus saine?
Au sein des apparats, plus de tranquillité?

Tant que je resterai sur notre pauvre terre,
Je verrai devant moi ce temps des vrais plaisirs,
Ce village et ses murs envahis par le lierre,
Son limpide cours d'eau, mes jeunes souvenirs,
Mes fuites sur les monts, les joyeuses vacances,
Mes voisins, mes amis, leur toit hospitalier,
Nos malices d'alors et nos réjouissances,
Et les beaux jours passés jadis à mon cellier.

Tout autour de mon mur, un cep vigoureux pousse,
Et même en plein midi, me donne la fraîcheur,
J'ai mon tilleul au nord, sur mon vieux toit la mousse,
Et dans ma sombre cour, mon vieux saule pleureur.
Sous les arbrisseaux verts, auprès coule une source,
Dans un bassin construit par les soins du hameau,
Entre deux grands buissons, pour abréger la course,
A vingt pas du cellier, mon sentier mène à l'eau.

Au fond des prés, un orme, au bas de la fontaine,
Abrite de son ombre un immense lavoir,
Où la chronique inscrit les faits de la semaine,
Où la fille ne va que tremblante le soir,
Où, sous le vieux rocher, la grotte solitaire,
S'illumine, dit-on, et conte chaque nuit
D'un drame larmoyant le récit légendaire,
Quand l'horloge au clocher a fait sonner minuit.

X.

LE SERMENT.

Sur le bord des sentiers, fleuris, ô violette,
Répandant dans les airs tes plus douces senteurs,
Viens, dans l'herbe des champs, te cacher alouette,
Quand, dans ma vigne alors, sur l'amandier en fleurs,
Le gai pinson bâtit son nid dans la verdure;
Quand l'homme tremble aussi, quand notre sang vermeil
Fait troubler le cerveau, quand tout dans la nature,
D'un enivrant printemps, annonce le réveil.

Amour en tout pays fit plus d'une victime,
Et maintes fois, hélas ! le malin séducteur,
Sous l'aspect du plaisir, n'engendra que le crime ;
Trop souvent des regrets, parfois le déshonneur.
Berthe, charmante enfant de mon riant village,
Atteignait ses vingt ans, sans souci ni chagrin,
Et, sous l'œil maternel, la jeune fille sage,
Heureuse, poursuivait ici-bas son chemin.

Mai bientôt va fleurir; Berthe simplement mise,
Seule vient chaque jour orner le saint autel,
Et transférer ses fleurs du jardin à l'église,
La foi guide ses pas. Chantez l'hymne éternel !
Chantez petits oiseaux, courez dans le feuillage,
Ou cachés dans vos nids, sur le vert aubépin,
Saluez à l'envi, Berthe, sur son passage,
Au printemps, donnez lui l'aubade du matin !

Lorsque le soleil brille, au lever de l'aurore,
Ou bien, lorsque la nuit annonce son retour,
Berthe, pieuse enfant, vers le Dieu qu'elle implore,
Sans crainte au temple saint arrivait chaque jour.
Un soir, après l'orage, au détour de la route,
Pour l'aider à franchir la planche du ravin,
César se trouvant là, par hasard, sans nul doute,
La fillette accepta le bras de son voisin.

Au loin, grondait toujours, dans les bois, le tonnerre,
Et le voisin enfin partait le lendemain.
L'empereur déclarait cette terrible guerre,
Mû par le fol appat d'un succès incertain.
Il voulait des soldats, pour sauver sa couronne,
L'agriculteur, hélas! dut quitter ses sillons,
Et pour un empereur payer de sa personne,
Et des Français armés, grossir les bataillons.

César était sincère et Berthe était dévote,
Leur amour resta pur, le serment de leur foi
N'eût alors pour témoin que la croix de la grotte.
Le jeune homme à genoux, tout palpitant d'émoi,
A la timide enfant faisait cette prière :
« Garde-moi devant Dieu, pour toujours, ton amour,
« Tant que mes yeux verront ici-bas la lumière,
« Je jure d'être à toi, sois fidèle en retour. »

Et de ses blanches mains, se couvrant le visage,
Berthe sage hésitait, tremblait de dire oui.
« Pitié! mon bon Jésus, donnez-moi le courage,
« Eclairez-moi, dit-elle, avant d'aller à lui. »
Mais César enflammé n'eut plus de retenue,
Car sa bouche, exprima des paroles de feu,
Et, plus prompt que l'éclair s'éclairant dans la nue,
Dieu seul étant témoin, reçut le doux aveu.

Au fond des prés, un orme, au bas de la fontaine,
Abrite de son ombre un immense lavoir,
Où la chronique inscrit les faits de la semaine,
Où la fille ne va que tremblante le soir,
Où, sous le vieux rocher, la grotte solitaire,
S'illumine dit-on et conte chaque nuit,
D'un drame larmoyant le récit légendaire,
Quand l'horloge au clocher a fait sonner minuit.

XI.

LA VÉRITABLE ÉGALITÉ. — LE MOIS DES VENDANGES.

CHŒUR DES VENDANGEUSES.

Et dès lors, chaque jour, Berthe alla sous l'ombrage,
Forte de son amour, qu'il fût tôt, qu'il fût tard,
A la grotte marquer par des fleurs son passage,
Et rappeler ainsi le serment du départ.
Une nouvelle ardeur désormais la dévore,
L'âge où l'adolescent sait aimer et rougir,
Est un autre printemps qui vient enfin d'éclore,
C'est là le premier pas, pour apprendre à souffrir.

Car le bonheur parfait, n'est point de notre monde,
Et notre pauvre cœur a soif de l'infini.
Après les grands plaisirs, une peine profonde,
Au sein des voluptés, parfois l'homme est puni.
Et nous souffrons, hélas! comme ont souffert nos pères,
Terrassés par le sort et par la même main.
Là nous sommes égaux, là nous sommes tous frères,
Vivre, souffrir, mourir, voilà bien l'être humain!

Tout bonheur a sa fin, donc il est éphémère,
Et notre âme souvent est empreinte de fiel.
Nous consumons nos ans à vaincre une chimère,
Quand nous rampons en bas, nous croyons être au ciel.
Mais au cœur bat toujours la divine espérance !
Symbole permanent de l'immortalité,
Ce n'est point le néant, mais bien la délivrance,
Que nous donne la mort avec l'éternité !

Berthe, jusqu'à vingt ans, naïve jeune fille,
Avait coulé des jours exempts de tout chagrin,
Et la fortune aveugle et le bonheur qui brille,
Marquait d'un vif éclat, sur son front purpurin,
La grâce et l'innocence et la vive allégresse,
Et ses joyeux printemps. — L'impitoyable loi,
Hélas! semait bientôt la plus noire tristesse,
Et répandait partout la terreur et l'effroi.

Or, un grand changement survenu dans ma vigne,
Dans le pampre et les fruits, m'annonce et me redit
Qu'il faut bientôt cueillir, et c'est là le vrai signe,
Sur un sarment jauni, le raisin qui mûrit.
Alors le vigneron, à mon cellier moins sobre,
Fait mouiller en chantant et cuves et tonneaux,
Allons ! trève aux ennuis, voici le mois d'octobre,
Hourrah ! pour les buveurs. Honneur aux vins nouveaux !

En ce mois, hosanna ! Salut riches vendanges !
L'appariteur pour tous a publié les bans,
Salut à mes fouleurs ! à leurs travaux étranges !
A mon pressoir criant une fois tous les ans.
Grand Dieu ! versez sur nous la corne d'abondance,
Que les hommes, par vous unis à tout jamais,
Travaillent de concert au bonheur de la France,
Et signent le traité d'une durable paix !

J'aime à voir, dans ce mois, les fillettes nombreuses,
Envahir les coteaux, entourer les celliers,
Puis se porter au loin et les plus travailleuses
Se presser à l'envi, pour remplir les paniers.
Alors de toutes parts, les chants se font entendre,
Mille fois répétés par l'écho d'alentour,
Et la plus jeune enfin, de sa voix la plus tendre,
Commence comme suit la légende à son tour.

« Au fond des prés, un orme, au bas de la fontaine,
« Abrite de son ombre un immense lavoir,
« Où la chronique inscrit les faits de la semaine,
« Où la fille ne va que tremblante le soir,
« Où, sous le vieux rocher, la grotte solitaire,
« S'illumine, dit-on, et conte chaque nuit,
« D'un drame larmoyant le récit légendaire,
« Quand l'horloge au clocher a fait sonner minuit.

« Où, sous le vieux rocher, reprennent les chanteuses,
« Chaque soir à minuit, sortant de son tombeau,
« Une ombre prend soudain la place des laveuses,
« A cette heure. où tout dort dans le petit hameau,
« Les feux sont allumés sous l'orme séculaire,
« Un voile blanc, un spectre apparait au milieu.
« C'est une jeune morte étreignant son suaire,
« Demandant en ce lieu son pardon devant Dieu. »

XII.

OUBLI ET INFIDÉLITÉ. — DÉNOUEMENT.

En face de ma vigne et sur l'autre colline,
L'œil aperçoit encor les débris d'un donjon;
Seule, une vieille tour veut survivre et domine
Les pans noirs des gros murs, asile de l'aiglon.
Sur la pelouse au bas s'assied parfois le pâtre,
Et le dimanche au soir, dans la belle saison,
Tout autour d'un grand feu, la jeunesse folâtre
Répète à nos échos sa plus douce chanson.

De mon cellier, je vois s'amuser tout ce monde,
Et, sur le lac, leur ombre aller danser sur l'eau.
J'aime à voir les enfants enchaînés dans la ronde,
Trouver, voulant sortir, un obstacle nouveau.
Tandis qu'au firmament la lune toujours brille,
Et qu'une étoile auprès semble faire sa cour,
Au bras d'un tendre gars, plus d'une jeune fille,
Sous la mantille sent son cœur battre à son tour.

Or, Berthe allait parfois vers la joyeuse troupe,
Et César, prisonnier, n'écrivait plus du tout.
Jusqu'au soir l'on dansait, et souvent plus d'un groupe
Cherchait, pour s'attarder, une excuse partout.
Tantôt c'était en l'air, la marche d'un nuage,
Qui couronnait les monts d'un épais voile noir,
Tantôt les chants plaintifs des bergers du village
Sous l'orme rassemblés auprès de l'abreuvoir.

Donc, après maints retards, cette vive jeunesse,
Pétulante, rentrait sous les toits du hameau.
Chaque fois, au retour, Berthe, triste sans cesse,
Rêveuse, examinait à son doigt un anneau
Déposé par César vers la croix solitaire,
Seul souvenir, hélas ! du malheureux captif ;
Symbole du serment qu'elle ne pouvait taire,
Et qui faisait souffrir son cœur faible et naïf.

Pour oublier un nom, il faut bien peu de chose,
Car rien n'est plus changeant que le caprice humain,
Et notre cœur surtout suit la métamorphose,
On pleure un mort un jour, on rit le lendemain.
Et, tandis que chez l'un, une trop longue absence
Ne fait que raviver l'amour de jour en jour,
Elle apporte chez l'autre une autre conséquence,
C'est la grande froideur qui survient à son tour.

Un ami de la ville, à l'humeur vagabonde,
Arrivait tous les ans dans un cellier voisin.
Chasseur et bon viveur, sa langue était féconde,
Et nul ne chantait mieux le soir et le matin,
Il valsait à ravir, et tout bas à l'oreille,
Durant un entrechat, il avait dit deux mots :
« Aucune fille à vous ne peut-être pareille,
« Berthe, à nous l'avenir et le plaisir à flots. »

« Sois à moi, disait-il, ô timide colombe !
« Ici-bas, tout s'unit, l'aigle et le tourtereau.
« L'onde mêle au torrent la cascade qui tombe,
« Et la vigne au printemps vient se joindre à l'ormeau.
« Tout, dans notre univers, suit en tous lieux sa pente,
« Et l'homme chante Dieu qui vient de le bénir !
« L'eau forme dans les prés le ruisseau qui serpente,
« Et nos deux cœurs sont faits pour s'aimer et s'unir.

Un brillant incarnat colore son visage,
Et ses grands beaux yeux noirs reflètent le bonheur.
Le sort en est jeté, le ciel est sans orage,
Le destin est propice et n'a point de rigueur.
Ainsi choit une enfant dans son imprévoyance,
Ainsi parla Stéphane à la fille des champs :
« De tes appas, viens, Berthe, étaler la puissance,
« Charmer les citadins, troubler les paysans.

« Oui, viens, par ta beauté éclipser tes compagnes,
« Car sans crainte tu peux oublier ton serment.
« A toi, l'air des cités et non l'air des campagnes,
« Que fait d'ailleurs César, en Prusse, en ce moment?
« Pourquoi te laisse-t-il? Puisqu'une simple lettre
« Pourrait te rassurer, venant te prévenir,
« Que de lui tu ne dois nullement te démettre,
« Mais garder sa parole, attendre l'avenir! »

Saints anges du bon Dieu détournez votre face,
D'un abime sans fond, pour ne point voir l'horreur!
Et toi, vil séducteur, ton cœur est-il de glace?
D'un père courroucé crains pour toi la fureur.
Au ciel, il est un Dieu qui, parfois en ce monde,
Sur les grands criminels appesantit son bras,
Sa justice s'étend sur la terre et sur l'onde,
Respecte l'innocence et ne la trouble pas.

Oui, répond-elle : « A vous la fille du village;
« A vous mon teint si frais et mon jeune printemps,
« Et de mon cœur aimant le plus sincère hommage;
« Cueillez, vous seul, ces fruits que depuis trop longtemps
« Je gardais en secret, dans ma folle tendresse.
« Une étoile, pour moi, scintille au firmament
« Et fait vibrer mon cœur d'une vive allégresse,
« Heureuse, je m'endors d'un doux enivrement! »

Berthe, enfant, a faibli; chaque jour est pour elle
Un souffle de bonheur, un triomphe nouveau.
Et son ami lui dit qu'elle est toujours plus belle,
Mais, hélas! qu'il ne peut demeurer au hameau.
Sa présence est, d'ailleurs, nécessaire à la ville,
Puis le départ, sans faute, est pour le lendemain :
« A l'an prochain, » dit-il, d'un façon civile,
Froidement l'écartant d'un geste de sa main.

« A l'an prochain, allons, au revoir jeune fille;
« Dans cet hiver, souvent je parlerai de toi;
« Ton César reviendra, sois sûre, il est bon drille,
« Il sera ton époux et t'a gardé sa foi.
« Tous les ans au cellier, quand viendront les vendanges,
« Quand les chasseurs au loin feront sonner du cor,
« Lorsque dans les bois noirs erreront leurs phalanges,
« Tu pourras me donner ton doux sourire encor. »

5

Et sous ses beaux cils noirs, coulèrent quelques larmes,
Et sous son sein gonflé, les soupirs, les sanglots,
Vinrent incontinent torturer tant de charmes :
« Pardonnez-moi, mon Dieu! » dit-elle à demi-mots,
Puis, élevant la main : « Sois maudit, misérable!
« O toi! traître tyran, qui fais mon triste sort! »
Et s'éloignant de lui, comme d'un grand coupable,
D'un trait elle courut, disant un mot : « la mort. »

Si grand fut son chagrin, faible fi : son courage ;
Victime, elle tremblait : César allait venir
Demander son serment et lui dire avec rage,
Qu'elle seule, des deux, n'avait pu le tenir.
Dans sa vive douleur, dans la nuit partit Berthe,
Pieds nus, cheveux épars, folle de désespoir.
Le lendemain matin, sa chambre était déserte,
Son pauvre corps, dans l'eau, gisait sous le bloc noir.

Au fond des prés, un orme, au bas de la fontaine,
Abrite de son ombre un immense lavoir,
Où la chronique inscrit les faits de la semaine,
Où la fille ne va que tremblante le soir,
Où, sous le vieux rocher, la grotte solitaire,
S'illumine, dit-on, et conte chaque nuit,
D'un drame larmoyant le récit légendaire,
Quand l'horloge au clocher a fait sonner minuit.

Où, sous le vieux rocher, redisent les conteuses,
Chaque soir, à minuit, sortant de son tombeau,
Une ombre prend soudain la place des laveuses.
A cette heure où tout dort dans le petit hameau,
Les feux sont allumés sous l'orme séculaire :
Un voile blanc, un spectre apparaît au milieu,
C'est une jeune morte étreignant son suaire,
Demandant, en ce lieu, son pardon devant Dieu.

Où, sous le vieux rocher, ajoute la légende,
Au milieu de la nuit, porté par les autans,
D'où soudain il repart, de peur qu'on l'appréhende,
Le corps d'un chasseur mort, arrive tous les ans.
Il ne fait que passer, et, vers la même époque,
Tout est gai, tout sourit, et plus d'un voyageur
S'attarde à mon cellier et le soir me provoque.
A lui montrer d'ici la maison du malheur.

XIII.

SEYSSEL, ET LES BORDS DU RHONE.

Ici coule le Rhône,
L'onde de ses flots bleus,
Et, sur la rive trône,
Le long des quais joyeux,
Seyssel aux plants fertiles,
Pays aux riches crus,
Où s'abritent deux villes,
Sous les coteaux touffus :
Où la grappe féconde,
Sur les ceps entr'ouverts,
S'échappe rubiconde,
Au bas des celliers verts.

Où le fleuve reflète,
L'astre du jour naissant,
Les feux d'or d'une fête,
Sur un miroir brillant.
Où, la frêle gondole,
Et les pesants bateaux,
Par une brise molle,
Se jouent sur les eaux.
Où partout sur la rive,
Sous ce ciel enchanteur,
Un frais parfum arrive,
Du pampre en belle humeur.

Les deux villes un jour ('), dans leur sainte alliance,
En mil huit cent soixante, ont tendu leurs deux mains.
A cet instant béni, leurs doux chants d'espérance
Ont redit leurs accents aux échos riverains.
De ces bords pavoisés; le peuple avec ivresse,
Sur la tour du clocher vint placer le drapeau ;
Et, dans l'élan sacré de sa vive allégresse,
Célébra de ses droits le triomphe nouveau.
Du roi qui nous quittait, l'antique cité veuve,
Sut donner à la France son cœur et son amour,
Et Seyssel, en deux parts, séparé par le fleuve,
Sous un même étendard fut uni sans retour.

(1) Vote du 22 avril 1860. — Annexion de la Savoie à la France.

XIV.

LA FIN D'UNE JOURNÉE.

Mais bientôt le soleil au loin sur la montagne
Allume, en son coucher, ses derniers rayons d'or ;
Et là brume du soir répand sur la campagne,
Dans l'ombre de la nuit, son sinistre décor.
C'est l'heure où vont gémir sur les fantasques dômes,
Des grisâtres rochers, dans les antres du val ;
Près des gouffres profonds, les démons, les fantômes,
Tous dansant à la ronde en un lugubre bal.

Et, sur la route au loin qui conduit à la ville,
Le touriste rêveur revient, le cœur dispos,
Au modeste logis, heureux et calme asile,
Où son âme au retour, trouve le vrai repos,
Dans la même maison que fit bâtir son père,
Et vers ces mêmes bords, ou près du pont-levis,
Le peuple un jour armé, lança dans sa colère,
Sa réplique immortelle (¹) et succomba jadis.

(1) ET QUAND MÊME ? (en patois : Et Capoë ?). Voir ci-après un épisode du siège de Rumilly en 1630.

XV.

RUMILLY EN 1630 OU LES ANGES TUTÉLAIRES.

ET CAPOË?

Le puissant ennemi partout laissait sa trace ;
Le sang coulait encore et le bouillant vainqueur
Partout avait semé le deuil et la terreur.
Il entourait nos murs, nos forts et notre place.
Combattre, était la mort ; se rendre, lâcheté,
Plier ou résister..., la honte ou le carnage....
Ouvrir au roi la ville, ou lutter avec rage...,
Il faut vaincre ou périr pour sauver la cité ;
Ou céder. — « Non ! jamais, nous ne rendrons les armes.
« Et Capoë ? — Nous avons, nous, notre vieux drapeau
« A défendre, à sauver jusqu'au dernier lambeau.
« Capoë ? dit Rumilly, dans ce grand jour d'alarmes. »

Or, à l'instant, la foule arrive, courageuse,
Des vaillants défenseurs, grossir les bataillons,
Le noble châtelain, le mendiant en haillons,
Les citadins armés, une troupe nombreuse,
A ce premier signal, viennent de toutes parts.
Soldats et citoyens s'unissent avec joie,
Sur nos tours flotte encor l'étendard de Savoie,
Et l'ennemi ne peut renverser nos remparts.
Plus d'un fier assaillant a mordu la poussière,
Quand dans leurs rangs bientôt, survient avec la nuit,
De soldats un renfort qui s'amène avec bruit,
Et qui de grand matin cerne la ville entière.

Un cri de désespoir, transmis de bouche à bouche,
Le tocsin continu partant du vieux clocher,
L'ennemi dans nos murs qu'il venait d'ébrécher,
Les mains rouges de sang, entrant d'un air farouche.
Le château fort cerné, le feu brûlant nos tours,
La troupe du vainqueur dans la ville attristée,
Plaçant sur nos maisons sa bannière montée,
Jetant l'effroi partout. Partout aux alentours,
Des soldats chevauchant, partout le bruit des armes,
Des mères, des enfants, fuyant vers le vieux fort.
Louis treize irrité, signant l'arrêt de mort,
A des hommes de cœur, à des femmes en larmes.

Soudain, trois nobles sœurs par l'arrêt épargnées,
Anges de charité, mus d'un amour fervent,

L'une, épouse du Christ, s'arrache à son couvent ;
Et toutes trois en deuil, à mourir résignées,
Du monarque vainqueur fléchissant le courroux,
Les larmes dans les yeux, le cœur pour éloquence,
Du souverain français invoquent la clémence.
La Bernardine alors se jette à ses genoux :
« Vois, dit-elle, ces morts et leurs traces saignantes,
« Vois nos pauvres blessés et nos sœurs près de toi.
« Pour nos frères, pitié ! pour eux, pardon, grand roi !
« Vois nos murs renversés et leurs ruines fumantes !

« Vois ces petits enfants, chérubins blonds et roses,
« Sur cette terre, hélas, portant leurs premiers pas,
« Et victimes d'un jour, vers toi tendant les bras,
« Comme ces pauvres fleurs, tombant à peine écloses,
« S'éveillant le matin, pour mourir à la nuit.
« Vois notre ville en deuil, ses maisons désolées,
« Entends les cris perçants des mères affolées,
« Fuyant en vain la mort qui partout les poursuit,
« De ces pauvres enfants aurais-tu le courage....
« Ah ! Je n'ose achever, renonce à tout jamais,
« A cet arrêt de mort, d'un monarque Français,
« Traitant un peuple fier, comme un peuple sauvage.

« Suis les bords du Chéran, vois la rive escarpée.
« Où pour toi, ce matin, j'ai prié, pour toi seul,
« Pour fléchir ton courroux, la Vierge du tilleul.
« A tes pieds, vois nos sœurs et la foule groupée,

« Pardon pour mon pays, ô roi plein de valeur!

« De mes frères si chers, ne cause point la ruine,

« Au nom du Dieu puissant, entends la Bernardine,

« Ah! de grâce! pitié! suspends ton bras vengeur,

« Epargne nos maisons, nos arbres séculaires,

« Par le fer et le feu, la ville doit périr;

« Grâce pour Rumilly! sinon, je veux mourir!

« Grâce et suspends enfin tes ordres sanguinaires.

« Du grand pays de France, un cours d'eau nous sépare

« Et ta justice, ô roi! ne saurait me blâmer,

« Car nos peuples sont faits pour s'unir et s'aimer ;

« Savoyards et Français, n'ont point un cœur barbare

« Nos soldats et les tiens, en d'autres jours plus beaux

« Plus d'une fois déjà se sont couverts de gloire,

« Et la main dans la main, marchant à la victoire,

« Heureux! ont combattu sous les mêmes drapeaux.

« Et, pour ce souvenir, sois un roi magnanime,

« Pitié pour Rumilly! vois ses femmes en pleurs !

« Sous nos modestes toits vivent de nobles cœurs,

« Plus de feu, plus de sang, ô roi ! plus de victime!...

« Non, la mort n'aura point une aussi belle proie,

« Et ton peuple lui-même en serait irrité;

« Un roi ne doit punir que l'infidélité.

« Maître de toutes parts dans l'antique Savoie,

« Pour couronner la gloire et le nom du vainqueur,

« Il faut au front du roi, le plus pur diadème,

« L'amour d'un peuple fier et de ce peuple même. »
— « Grâce enfin, dit le roi, grâce pour tous, ma sœur ;
« Vous venez de sauver un pays par vos larmes ;
« Conservez-lui toujours cette noble fierté.
« Par son patriotisme et votre charité,
« Impuissants sont nos bras et vaines sont nos armes. »

Et nous, les descendants de ce peuple héroïque,
Sous notre beau ciel bleu, comme aux jours d'autrefois,
Aujourd'hui n'ayant plus ni couronnes ni rois,
Gardons de nos aïeux la devise énergique,
Le sublime : Et Capoë? ce noble souvenir,
Du peuple Rumillien n'est point un vain adage,
Ni des temps reculés un pompeux étalage,
Aujourd'hui d'un pas sûr, allant à l'avenir,
Aimons notre devise, elle reste immortelle.
Sous le soleil fécond de notre liberté,
Nous retrouvons la paix et la fraternité,
Belle France, salut ! gloire à l'ère nouvelle !

(1630. 23 mai). — Siège et prise de Rumilly.

Sous Charles-Emmanuel Ier, duc de Savoie, Louis XIII et ses armées envahissent la Savoie tout entière. Rumilly résiste et refuse d'ouvrir ses portes. Et lorsque les parlementaires ennemis, introduits dans ses murs, lui dénoncent les volontés du monarque français et cherchent à ébranler son courage, en lui signifiant que les autres places, entre autres Chambéry et Annecy, se sont rendues et ont déposé les armes, la patriotique cité, dans son langage énergique, ne craint pas de leur répliquer par sa fière et dès lors immortelle réponse : *Et capoë?* (et quand même?) qui, en deux mots, résumait et sa valeur et sa fierté. Toutefois, cette obstination coûta cher aux résistants. Le siège s'ensuivit; puis la ville fut prise, son château démantelé, son fort et ses murs d'enceinte furent rasés. Les habitants ne durent leur salut qu'à la prière de trois femmes héroïques, surnommées, dès cette époque, les *Anges tutélaires*, et dont l'une d'elles était religieuse bernardine, au couvent de cet ordre, à Rumilly.

La démarche des libératrices, auprès du vainqueur, est reproduite sur un tableau, par Lévigne, apposé au mur sud-ouest de la grande salle de l'hôtel-de-ville.

Une heure seulement de pillage fut donnée aux troupes, et pendant cette heure de désolation, le couvent des bernardines, ainsi que la demeure des deux autres bienfaitrices, les demoiselles de Pesieu de Sallagine, furent mises sous la sauvegarde de la loyauté des soldats français. Ces deux maisons devinrent ainsi un lieu d'asile et de refuge pour les malheureux habitants.

Dans l'année 1690, l'antique et valeureuse ville reconstruit ses murs et répare ses fortifications, et ose de nouveau résister aux troupes de Louis XV. Le 15 août de cette même année, elle tomba aux mains du vainqueur, et plusieurs généreux citoyens payèrent de leur vie une défense héroïque et désespérée. (Voir *Histoire de Rumilly*, par Croisollet, années 1630 et 1690.)

XVI.

LE CONFLUENT DU FIER ET DU CHÉRAN

OU LE MATIN DE LA VIE.

J'avais vingt ans et l'œil mutin ;
Un jour sur la berge déserte,
Et seul, sur la pelouse verte,
Je me rendis un beau matin.

Et dans les bois le doux ramage
De mille chantres suspendus
Près des nids des arbres touffus,
Semblait vouloir me rendre hommage.

6

Sous mes pieds murmurait toujours
Du Chéran la note plaintive,
Dont la vague effleurait la rive,
En un pittoresque parcours.

L'allègre bouvier dans la plaine
Traçait un fertile sillon,
Où soudain l'agile oisillon
Picorait sa plus riche aubaine.

Le soleil lançait ses feux d'or
Sur l'arête de la montagne,
Et, dans la plaine, la campagne
Joyeuse étalait son décor.

Je m'écriai dans mon délire :
« A vingt ans, que ce monde est beau ! »
Et sur l'écorce d'un ormeau,
O mon Dieu ! je voulus l'écrire.

Mais, suspendu sur le ravin,
L'ormeau couvrait un précipice,
Et le Chéran dans son caprice,
Trouvait, hélas ! plus bas sa fin.

Quand notre pauvre cœur dévie,
En vain nous croyons au bonheur,
Alors tout chemin est trompeur,
Voilà l'image de la vie.

10 mai 1882

XVII.

LE CHATEAU DE RUMILLY.

Sous les ombrages verts des antiques platanes,
Où court le gai pinson, où souffle un frais zéphir,
Où s'ébat la jeunesse en maintes caravanes,
Dans les feux d'un concours, cherchant à s'étourdir (¹);
Sur ce gazon fleuri, penchés sur la muraille,
Près du gentil moulin au tic-tac babillard,
Laissons courir au loin la foule qui travaille,
Et pour nous, écoutons le récit du vieillard.

(1) La Société des Tireurs albanais a fait construire un Stand sur l'emplacement même de l'ancien château. Tous les ans plusieurs concours de tir sont ouverts et de nombreuses primes sont décernées aux lauréats.

« Autrefois, s'élevait sur cette même place,
« Sur ce tertre riant, une immense prison,
« Un château fort, bâti par des seigneurs de race,
« Une sainte chapelle, une énorme maison.
« Dans ces jardins chéris que la bêche sillonne,
« Au pied du donjon noir, errait le troubadour,
« Et près des échos purs, où le flot tourbillonne,
« Au murmure des eaux, mêlait son chant d'amour.

« Le bouillant cavalier, le brillant capitaine,
« Sur un cheval fougueux, caparaçonné d'or,
« Sous les balcons de fer de noble châtelaine,
« Accourait, l'œil en feu, mu par un fier essor,
« Recevoir tour à tour, pour prix de sa vaillance,
« La palme du vainqueur, la couronne ou la croix.
« Et, sous le rouge dais, la dame en défaillance,
« A l'appel d'un doux nom, semblait trembler parfois.

« Notre ville brillait, et sur la citadelle
« Le vieil étendard bleu déroulait au soleil,
« Sur la plus haute tour, sa Croix blanche immortelle
« Que le tambour au bas saluait au réveil.
« Et l'humble laboureur cultivait son domaine,
« Ses vergers et ses champs aux riches épis blonds.
« L'artisan travaillait, et partout dans la plaine,
« Un soc tenace ouvrait des espaces féconds.

« Et quand l'heure arrivait, de jeunes moissonneuses
« Couchant sous leurs genoux, en rustiques fagots,
« Et les froments jaunis, et les fleurs parfumeuses,
« Et les seigles des champs coupés en mille lots ;
« A cet instant du jour où la prudente abeille,
« Dans la ruche en rentrant dépose ses trésors,
« Aux portes de la ville, avant que tout sommeille,
« Dans nos murs se pressait la foule heureuse alors.

« Oui, ce bon peuple aimait, d'un amour fort, sincère,
« Son drapeau, la cité, son pays et son roi.
« Et, sous le gazon vert, où la foule légère,
« Folâtre, dédaigneuse ; un funèbre convoi
« Ensevelit un soir, vers la muraille grise,
« Les soldats citoyens, tombés au champ d'honneur,
« La défaite survint et la ville fut prise,
« Et partout l'ennemi s'acharna destructeur.

« Ainsi, dit le vieillard, lissant sa barbe blanche,
« L'homme brille un instant et ne dure qu'un jour,
« Et le malheur, sur lui, fond comme une avalanche,
« Froide neige et bonheur, tout s'effondre à son tour.
« Voyez ce pan de mur, qu'un lierre épais enlace,
« Les siècles ont passé. Sur notre vieux château
« La mort seule a pris pied, et sous l'herbe vivace,
« Git plus d'un noble cœur dans l'oubli du tombeau.

« Sonnez! puissants clairons, vos doux chants d'allégresse!

« De rechef animez ce paisible séjour,

« Sous notre ciel si beau, venez fière jeunesse,

« Humer ici l'air pur et respirer un jour.

« Sous ce feuillage épais, accordez votre lyre,

« Chantez-nous en ces lieux, vos joyeux hallalis!

« Sur ces bords verdoyants, que votre voix s'inspire,

« Et réveille soudain les échos endormis.

Longtemps avant la construction du fort de l'Annonciade, Rumilly possédait un antique château, siège d'une commanderie des chevaliers de Rhodes. Il reste de cet immense édifice, qui eut autrefois son importance, quelques vestiges à fleur de terre, à l'est, et un vieux mur recouvert par le lierre au nord-ouest, de la terrasse triangulaire qui surplombe le confluent de la Néphaz et du Chéran. En 1585, Charles-Emmanuel Iᵉʳ le répara, l'agrandit et en fit un fort régulier; mais en 1630, il fut détruit et rasé par Louis XIII, lors du siège de Rumilly.

En 1482, ce château servit de prison à un jeune prince, célèbre par sa vie aventureuse, ses grandes infortunes et sa fin tragique arrivée à Naples, après treize ans de captivité dans différents manoirs et places fortes.

Djem ou Zizim, fils de Mahomet II, avait disputé le trône à son frère Bajazet et son armée avait été battue et dispersée. Le vaincu errait de caverne en caverne. Pierre d'Aubusson, grand-maître des chevaliers de Rhodes, lui fit proposer un asile et des secours. Mais son offre cachait une trahison. Le malheureux prince musulman, trop confiant, se mit à la merci du grand-maître de Rhodes, qui le fit prisonnier et l'enferma à Exilles (Saint-Jean-de-Maurienne), puis dans le château de Rumilly, où Charles Iᵉʳ vint le visiter et reçut, en échange de ses présents, une masse d'armes de Damas, incrustée d'or. De Rumilly, l'infortuné Djem fut conduit dans le Dauphiné, au château de Rochechinard, puis à Rome, sous le pape Alexandre VI, au fort Saint-Ange, et enfin à Naples, où il mourut en arrivant, à l'âge de 35 ans, et où, au dire de Comines, *il avait été baillé empoisonné.*

Du pied du promontoire sur lequel s'élevait le vieux château, sort une source appelée de nos jours encore : *la fontaine à mole*, du nom autrefois laissé à cette source par les soldats romains, qui venaient y remplir leurs amphores et qui l'appelaient *à mole*, parce qu'elle sortait de la citadelle, soit du promontoire sur lequel celle-ci avait été construite.

XVIII.

LES RIVES DU CHÉRAN
OU LE CHANT DU ROSSIGNOL

Voici l'heure où la cloche tinte,
A son tour, l'angelus du soir,
Où sur la rive vient perchoir
Le rossignol sans nulle feinte.

Où, dans l'ombre des arbrisseaux,
Près de son nid, levant la tête,
Il sait, la nuit, le cœur en fête,
Donner des airs toujours nouveaux.

— Et dans les buissons verts, où couche la couvée,
Sa note vibre et roule en multiples accords,
Tantôt plaintive et lente, errante sur ces bords,
Ou s'élance parfois, perçante et relevée.

Chut ! écoutons encore, il est bientôt minuit.
Dans les songes dorés le citadin sommeille ;
L'oiseau chante plus fort, l'écho seul se réveille,
Et sur la rive au loin l'onde coule et s'enfuit.

L'écho redit :
                         « Voici la vie,
« Le doux printemps et les beaux jours,
« Les sombres nuits et les amours,
« Partout sur la branche fleurie. »

                                        12 mai 1882.

XIX.

LES VESTIGES DU FORT DE L'ANNONCIADE. (1)

Sous les chênes ombreux d'un fertile cottage,
Dans les prés verdoyants où paissent les troupeaux,
Sur un tertre aujourd'hui couvert par le feuillage,
S'élevait, surveillant la plaine et les coteaux,
Vaillamment défendu, flanqué d'une muraille,
Un antique manoir, un redoutable fort,
Terrible à l'ennemi, vomissant la mitraille,
Et, parfois à ses pieds, l'épouvante et la mort !

(1) L'Annonciade formait un pentagone régulier, la citadelle de Turin lui ayant
servi de modèle (Croisollet, Histoire de Rumilly.)

Toujours sur les remparts, veillait la sentinelle,
Prête à jeter son cri, sac au dos, l'arme au bras.
Puis la ronde passait, à chaque heure nouvelle,
Et la garde abaissait le pont-levis au bas.
Dans les fossés profonds, l'eau calme en apparence,
Perfide, recélait un mirage trompeur,
Et bien loin une tour, un poste de défense,
Menaçante, dressait son front sombre et grondeur.

Dormez sous le gazon, dans vos froids lits de terre,
O vous ! hommes de cœur que la mort a couchés.
Parfois, comme un soupir, comme un souffle de guerre,
Vous errez dans ces bois, dans les bosquets cachés,
Quand, dans l'obscure nuit, le vent s'engouffre et gronde
Dans les fentes des murs, le long des arbres verts ;
Sur ces tristes débris, votre âme vagabonde
Soupire un chant plaintif dans les chemins déserts.

XX.

LES RUINES DU CHATEAU D'HAUTEVILLE.

Pans éraillés, amas de vieilles pierres,
Murs calcinés, souterrains entr'ouverts,
Sur vos débris poussent d'énormes lierres,
Et, sous vos pieds, naissent les pampres verts :
Au bas des tours, la voix des châtelaines,
Verse la nuit ses lugubres sanglots,
Et les damnés roulent parfois leurs chaînes,
Dans l'antre obscur des antiques cachots.

Que de secrets, que de sombres mystères,
Dorment cachés dans ces profonds caveaux!
Maîtres partout; puissants dans vos colères,
Nobles seigneurs, du sein de vos châteaux,
La Liberté, premier bien de la vie,
Etait proscrite, et plus d'un saint martyr
En vain lutta contre la tyrannie,
Et dut esclave ou plier ou mourir.

Le peuple, un jour, lassé par la souffrance,
Ancien manoir, pour toi cruel affront,
Brisa ses fers, terrible en sa vengeance,
Brûla les tours et martela ton front!
Et toi! tyran, tu dus courber la tête...
Le peuple armé parcourut les hameaux,
Et ce réveil devint un jour de fête,
Le ferme espoir de triomphes nouveaux.

Et maintenant sur ta place déserte,
L'homme contemple un site toujours pur,
Un ciel serein, la rive toujours verte
Du Fier glissant au pied de ton vieux mur.
Sombre castel, des varlets et des pages,
Des fiers barons et des gais troubadours,
Garde longtemps sous tes épais feuillages,
Le souvenir et les tendres amours!

XXI.

LA CHAPELLE DE L'AUMONE.

Sur les bords du Chéran, un chemin gris serpente,
Sillonné par l'enfant, hanté par le vieillard ;
L'onde murmure au bas, tantôt rapide ou lente,
Et plus d'un cœur brisé, s'y retire à l'écart.

Ici, venez sans crainte, ô vous dont l'âme aimante,
A connu la torture et l'opprobre ici-bas !
Devant vous, dans les airs, la Vierge souriante,
Pleine d'un saint pardon, ouvre tout grand ses bras.

7

Vous, les déshérités de l'aveugle fortune,
Vous, qui tendez la main, accroupis sur un seuil,
Vous, dont les pieds sont las, que le monde importune,
Vous qui souffrez, venez à l'ombre du tilleul.

Vous qui portez en vous une douleur amère,
Dont les jours sont marqués par les coups du malheur,
Courage et doux espoir, la brise plus légère,
Sur la rive dépose un souffle de fraîcheur !

Nos mères ont paré les marches de ton trône,
Souvent les pleurs amers ont coulé de leurs yeux,
Bénis encor les fils, ô Vierge de l'Aumône !
Leur cœur garde toujours la foi de leurs aïeux.

M. Jaques Replat, dans son charmant ouvrage *Bois et Vallons*, nous donne, à la page 101 du volume, la date précise de la fondation de la chapelle de l'Aumône à Rumilly.

« Elle a été fondée, dit-il, en 1218 par Amédée de Conzié, disciple de Saint-Hubert et voici à quelle occasion. — Ce seigneur, dans sa jeunesse, il faut bien le confesser, était un peu mécréant. Au lieu d'assister le dimanche aux offices, il poursuivait la bête fauve dans les forêts qui couvraient alors les rives du Chéran. Un jour, comme il retournait bredouille et de fort méchante humeur, il fait voler une de ses flèches contre une statue de la Vierge élevée sous le couvert du bois ; mais la flèche revient frapper le chasseur en plein visage et le prive de l'usage des yeux.

« Pour expier son crime et obtenir merci de Notre-Dame, il fonda un prieuré rural de chanoines de Saint-Augustin et fit construire la chapelle où l'on a déposé la madone miraculeuse. »

Cette chapelle est située à quelques minutes de la gare du chemin de fer de Rumilly, sur la rive du Chéran et dans un site des plus pittoresques.

XXII.

PATRIE ET SAVOIE.

CHANT.

REFRAIN :

De vos vallons, de vos campagnes,
Répétez les accents joyeux,
Et que l'écho de vos montagnes
Redise, en portant vers les cieux,
Ce chant d'amour, ce cri de joie,
C'est toujours : Patrie et Savoie !
Ce chant d'amour, ce cri de joie,
C'est toujours : Patrie et Savoie !

I.

Chantez ces fortunés rivages,
Où la paix habite les cœurs ;
Ces monts qui vont jusqu'aux nuages,
Chantez, mais gardez-bien vos mœurs.
Antique et fière Allobrogie,
Que la sainte hospitalité,
Au malheur qui s'y réfugie,
Toujours s'unisse à la beauté.

II.

Déjà sourit à tes campagnes,
Le soleil fécond du progrès ;
Marche donc, reine des montagnes,
Le succès suit toujours de près
Qui s'unit à toi, belle France ;
Peuple guidé par son flambeau,
Flambeau divin de l'espérance,
Fier, range-toi sous son drapeau !

III

Sacré par un nouveau baptême,
Comme à tes beaux jours d'autrefois,
Sois vaillant, peuple sois le même
Pour la France que pour tes Rois.
Chéris ses fils, mais en revanche,
Fais des vœux de paix, de bonheur
A l'Italie, à ta Croix blanche :
D'un grand peuple, la France est sœur.

De vos vallons, de vos campagnes,
Répétez les accents joyeux,
Et que l'écho de vos montagnes
Redise en portant vers les cieux,
Ce chant d'amour, ce cri de joie,
C'est toujours : Patrie et Savoie !
Ce chant d'amour, ce cri de joie,
C'est toujours : Patrie et Savoie !

XXIII.

SAINTE-CÉCILE.

CHANT

DÉDIÉ A LA FANFARE ET A LA SOCIÉTÉ CHORALE DE RUMILLY.

REFRAIN :

C'est nous qui sommes la jeunesse,
Riches d'avenir et d'espoir !
Nous chantons ! folâtrons sans cesse,
Nous chantons du matin au soir !

I.

En ce jour, ta voix nous appelle,
Pour toi, nous voulons nous unir,

Nous tendre une main fraternelle,
Et sûrs marcher vers l'avenir.
Dirige, divine harmonie,
Notre jeunesse et nos efforts;
Fais briller ton puissant génie,
A toi nos chants et nos accords.

II.

Oui, sur nos fronts la gaité brille;
Unis par la fraternité,
Enfants d'une même famille,
Nous répétons avec fierté :
C'est toi, c'est l'art qui nous rassemble,
C'est ton culte idéal et beau,
Qui nous fait chanter tous ensemble,
Vivre et mourir sous ton drapeau.

III.

Nous voulons et chacun s'apprête,
Pour te chanter tous à la fois,
Nous voulons unir pour ta fête,
Nos accents, nos cœurs et nos voix.

Viens nous bénir, sainte Cécile,
Réveille sous tes étendards,
Ce souffle d'amour, si fertile,
Qui te fait reine des beaux-arts.

REFRAIN :

C'est nous qui sommes la jeunesse,
Riches d'avenir et d'espoir !
Nous chantons ! folâtrons sans cesse,
Nous chantons du matin au soir!

XXIV.

MARCOZ D'ECLE.

(1742)

Un fier enfant de l'antique Savoie,
Un noble cœur accouru du hameau (1),
Vaillant bourgeois, seul, debout sur la voie,
Fusil au bras, drapé dans son manteau,
Veillait la nuit, fidèle sentinelle,
Sur la cité dormant d'un lourd sommeil,
Et sur toute ombre ou douteuse ou rebelle,
Au moindre bruit, prêt à donner l'éveil.

(1) Du hameau d'Ecle, sis à deux kilomètres de Rumilly.

Or, l'ennemi trompe sa vigilance,
Discret, caché dans les chemins obscurs,
A petits pas, vers la porte il s'avance,
Muet, pieds nus, glissant le long des murs.
Il est trop tard, la garde appelle aux armes,
Sous les arceaux, sa voix tonne soudain,
Jetant partout son puissant cri d'alarmes,
Répercuté par l'écho riverain.

« Ouvrez, morbleu! les portes de la ville,
« Sur votre place et dans votre château,
« Oui, nous venons établir domicile
« Et sur vos murs planter notre drapeau.
« Réveillez-vous! peuple, prêtez l'oreille,
« Pour vous bientôt va luire un nouveau jour,
« L'Espagne enfin commande et vous surveille,
« A nous vos clés, vite ouvrez sans détour. »

Et l'ennemi, dans sa verte arrogance,
Disait encor : « Craignez notre courroux,
« Armes à bas, ou malheur et vengeance! »
— « Eh! dit Marcoz : Eh! sont-elles à vous?...
« Je ne crains point votre lutte inégale,
« Ni la prison, ni plus funeste sort,
« Ni la colère ou la force brutale,
« Pour Rumilly, ni les fers ni la mort. »

Entrée des troupes espagnoles à Rumilly.

Les premiers Espagnols qui paraissent à Rumilly, sont un détachement du régiment de Saint-Jacques, qui se rend à Carouge. D'après les versions populaires et traditions locales, un bourgeois de l'un des hameaux de Rumilly, nommé Marcoz d'Ecle, nouvel Horatius Coclès, est placé comme sentinelle à l'une des portes de la ville. A l'arrivée des troupes espagnoles, Marcoz résiste et dispute aux ennemis l'entrée de la capitale albanaise.

Il ne veut ni céder le passage, ni rendre les armes, et il fait cette réponse de Spartiate au moment où l'ennemi le pressait de déposer ses armes : « Sont-elles vôtres? » (en patois : *Sont-lié voutrés?*). Les religieuses de la Visitation racontent comme suit l'entrée à Rumilly, en septembre 1742, du régiment des grenadiers royaux à cheval :

« On eut ordre de préparer les logements pour les grena‑‑. diers royaux, qui devaient être logés dans les maisons bourgeoises, de même que tous les officiers, et on devait leur fournir le lit, le bois et la lumière. Toutes les maisons logeaient, tant les nobles que les autres. Enfin, dans le mois de septembre, cette brillante troupe arriva. On ne pouvait rien voir de plus beau que leurs chevaux et la richesse de leurs étendards et de leurs habillements. Tout annonçait la grandeur de leur souverain. Plusieurs de nous allèrent les voir arriver depuis les fenêtres de la grange. Cette troupe entra dans la ville le sabre à la main, ayant tous leur bonnet dans le plastron brodé en or, de même la cartouche qui était brodée sur un fond ponceau ; la bandoulière de même couleur garnie en argent ; leurs uniformes bleus aussi tout garnis en argent fin ; le chapeau bordé en argent attaché sur une épaule, et sur l'autre l'aiguillette en argent. Lorsqu'on les eut vus et qu'on eut connu leurs manières polies et honnêtes, on perdit bientôt l'idée effrayante que l'on s'en était fait. Ils aiment passionnément les Savoyards. L'on ne dirait pas qu'ils sont parmi nous comme ennemis, selon les lois de la guerre, mais comme frères et amis. Ils observent une exacte discipline, ce qui fait que l'on aura moins de peine à supporter les fléaux de cette guerre qui fait augmenter chaque jour la cherté des denrées et charge le pauvre peuple. • (Croisollet, *Histoire de Rumilly.*)

XXV.

LA GROTTE AURIFÈRE DU MONT CLAIRGEON.

COCRAIR ET SA LÉGENDE.

Bien haut, sous les sapins, dans l'épaisse feuillée,
Dans l'antre du rocher où nait le jeune aiglon ;
Où reviennent les morts, parfois dans la veillée,
Dans leurs suaires blancs demander leur pardon.
Dans le gouffre, dit-on, maitre Satan chuchote,
Au fond du puits obscur, étreignant un devin.
Mais ne le craignez point ! pour aller à la grotte,
Sous les ombrages frais, voici votre chemin.

Au-dessous des grands bois, une teinte rosée,
Rayonne et resplendit aux feux naissants du jour.

Une faible vapeur, une fine rosée,
Couvre l'herbe des champs et les blés tout autour.
C'est l'heure de sortir, d'errer dans la campagne,
De gravir le Clairgeon aux sublimes verdeurs ,
C'est l'heure où le berger parcourt sur la montagne
Les prés et les genêts aux alpestres senteurs.

Prenez au sud-ouest, aux portes de la ville,
A gauche un tracé blanc le long des grands noyers.
Puis, à droite, montez la colline fertile
Où court le pampre vert des riches métayers.
Faites halte un instant! Admirez, dans l'espace,
La cité, les vallons. Sur ce riant plateau,
Sur la tendre fougère, en maitre prenez place,
Et bientôt gravissez le sentier du hameau.

Des rustiques maisons la modeste toiture
Abrite les vieux murs, et tout près une croix,
Sur le bord du chemin, monte dans la verdure
Et le pâtre rêveur vient y prier parfois.
Plus haut sont les sapins, à deux pas la caverne
Où poussent les buissons couronnant les rochers.
De ce site élevé, l'œil de l'homme discerne
La plaine et les coteaux et leurs nombreux clochers!

Maintenant, contez-nous, vieillard à barbe grise,
La lutte de Cocrair au fond de sa prison ?

Ses cris de désespoir, sa maudite entreprise
Et sa triste rencontre avec un noir démon?
De grâce! ouvrez vos flancs? parlez gouffre aurifère?
Montagne recéleuse, où gît votre trésor?
Précipice insondable où dort plus d'un mystère,
Dites-nous en ce jour où sont vos mines d'or?

Mais l'écho seul répond. La sybille est muette
Sous la voûte du bloc répercutant ma voix.
Et, dans les sapins noirs, la funèbre chouette
Pousse son cri terrible au plus profond du bois.
Au milieu de la nuit erre parfois une ombre
Sur la crête des monts qui s'élèvent dans l'air.
Mais bientôt l'ombre fuit dans la caverne sombre
Où messire Satan a terrassé Cocrair!

Sous les sapins, dans l'épaisse feuillée,
Dans l'antre du rocher où naît le jeune aiglon ;
Où reviennent les morts, parfois dans la veillée,
Dans leurs suaires blancs demander leur pardon.
Dans le gouffre, dit-on, maître Satan chuchote,
Au fond du puits obscur étreignant un devin.
Mais ne le craignez point! pour aller à la grotte,
Sous les ombrages frais, vous avez le chemin.

A six kilomètres de Rumilly, au-dessous de l'une des cimes du mont Clairgeon et près de la forêt du Sappenay, existe la grotte de Cocrair appelée en patois *la Dannaz à Cocrair*, en souvenir d'un tragique évènement dont elle fut le théâtre vers l'année 1770. Un petit ruisseau sur les bords duquel gît un sable mêlé de paillettes d'or parcourt le fond de cette caverne qui a plus de trente mètres de profondeur. — L'appât du gain causa la perte de Cocrair. L'entrée de la grotte est facile et doit se faire en marchant et presque en se traînant à reculons, dans un couloir étroit, sur un parcours de quatre mètres environ, jusqu'à un point où ce singulier passage s'agrandit et permet à l'explorateur de se retourner et d'étudier la place. En cet endroit, l'illumination de la caverne présente un aspect extraordinaire, fantastique et féerique. Nous-même avons visité plusieurs fois le couloir et le premier puits où la descente est facile et n'offre plus aujourd'hui aucun danger, mais nécessite l'emploi d'échelles de bois ou de cordes. L'accès au second puits où gisent, dit-on, les paillettes d'or est plus difficile et un déblaiement préalable est nécessaire, les bergers ou les explorateurs ayant comblé de pierres et de cailloux l'ouverture de ce second puits.

Or, un dimanche de l'année 1770, dit la légende, Cocrair qui s'était donné au diable, était descendu, selon une habitude fréquente, dans la grotte accompagné par deux de ses amis. — Lorsque l'heure du retour arriva, ces deux derniers seuls purent s'échapper et Cocrair fut retenu captif. — Mais bientôt la femme de celui-ci, instruite par les camarades de son mari de cette triste situation, implora la commisération publique à l'effet d'obtenir aide et prompte assistance. Aussitôt une troupe nombreuse partit de la ville et du hameau de Bessine et en peu d'instants fut massée autour de la caverne où des cordes furent tendues au malheureux Cocrair. — Celui-ci usa de ce secours inespéré, et arriva jusqu'à une certaine hauteur qu'il ne put jamais dépasser ni franchir, s'écriant qu'il en était empêché. — En vain le peuple essaya de le sortir, en vain on lui fit tenir des vivres, Cocrair mourut et resta enfoui dans la grotte, jusqu'en 1798, époque où un militaire ayant entendu raconter l'aventure, voulut descendre dans la caverne, d'où il rapporta une partie des ossements de cet infortuné.

XXVI.

LA LÉGENDE DU CHATEAU DE LA PALLUD.

Les causeries villageoises abondent en légendes populaires sur le sol de notre Savoie, au sein d'une nature grandiose, se prêtant d'elle-même au merveilleux et partout empreinte d'une sombre magnificence. Ici la tradition raconte qu'un saint personnage monté sur un âne, arrive en courant sur le bord du Fier dont il franchit les abîmes d'un seul bond, de Lornay à Vallières. Lecteur, si vous doutez, maints crédules vous montreront encore aujourd'hui au bas de la berge du Fier, l'empreinte non effacée, mais considérablement agrandie, des deux pieds de derrière de la monture. Là, messire démon apparaît chaque nuit, sous la forme d'un terrible seigneur, avec plumet noir et grand manteau de rouge velours. Plus loin, c'est la lutte d'une jeune fille échappant par miracle aux griffes de Satan déguisé en vaillant et beau cavalier, et presque

toujours dans ces récits, l'innocence ou la faiblesse trompées
ou persécutées obtiennent justice, récompense et réparation.

Nous ne voulons point quitter la plume sans relater ici la
légende du château de la Pallud, que l'on aperçoit du nord-
ouest de Rumilly, à l'extrémité de la commune de Moye, sur
le prolongement méridional de la colline de Lornay. Naïve
et pure tradition du vice puni et de la vertu honorée, gravée
en caractères légendaires, dans l'imagination de l'habitant des
campagnes, selon l'expression de notre ami M. François Descostes, de Rumilly, à qui nous empruntons les lignes suivantes,
pages 104 et 105, de son intéressant et patriotique ouvrage
intitulé: *A travers la Haute-Savoie, Loragny et Gorges du
Fier*:

« Or çà, dit la légende, une vieille châtelaine habitait là,
au temps jadis, avec moult jeune et gracieuse damoiselle,
du nom de Jehanne; celle-ci avait tout quitté pour se consa-
crer à sa marraine, dont elle soignait les infirmités et sup-
portait les caprices avec dévouement et patience d'ange; la
marraine, quoique quinteuse, l'aimait nonobstant bien fort,
et lui avait promis de l'instituer héritière ès manoir et terres
en dépendantes; et Jehanne, du haut de la tourelle, regardait
parfois vers certain coin de l'horizon, où elle avait laissé
promeses et emprise d'amour....

« En face du châtel, sur l'autre rive de *Ciers* (1), était
campé, dans une redoutable maison-forte, haut et méchant seigneur, cousin de la châtelaine de la Pallud, bien connu dans
la contrée pour ses excès et félonies, et dont la vie se passait
à hanter en chasse les bois et grands abîmes du Val, et à vider
le soir coupes de la *Portière* (2) avec engeance de sorciers,
enchanteurs et paillards, qui avaient fait paction avec messire
Belzébuth....

« Et voilà que dame châtelaine tombe gravement malade

(1) Ancien nom du Fier.
(2) Crû de la commune de Lornay, dont la tradition prétend que le premier plant
avait été rapporté de Chypre par un prince de la Maison de Savoie.

et va s'éteindre; et sachant le seigneur qu'elle allait tester et voulait tout bailler à la gente Jehanne, il envoie un varlet pour mander à celle-ci que son père, qui habite ès baronnie de Faucigny, est prest à partir pour autre monde et la fait quérir une dernière fois; et Jehanne escartée, croyant que varlet avait dist vérité, le seigneur court sus aussitôt et extorque à la mourante un testament, qui l'investit ès succession d'icelle. Ainsi, quand Jehanne revint, la dame estait allée de vie à trépassement et le mécréant lui ferma l'huis du manoir.

« Mais, dit la légende, cela ne lui bailla pas moult profit : il advint qu'aux feuilles suivantes il fust trouvé mort et la tête fracassée sous les roches du *Ciers*; et, quand on voulut l'enterrer en lieu saint, tout à coup le ciel s'assombrit, un orage affreux s'éleva, la foudre tomba sur la bière et pulvérisa le cadavre, et un chien noir parut aux yeux du cortége terrifié. Et ce chien noir, on le rencontre encore deçà delà dans les nuits sombres de l'automne, aboyant d'une façon lugubre, comme aussi il apparaît dans les nuits sereines du renouveau une ombre blanche de jeune fille qui demande le chemin et la clef du castel de la Pallud.... »

XVII.

LES GORGES DU FIER

ENTRE SAINT-ANDRÉ-DE-RUMILLY ET SEYSSEL.

PAR A. DE JUGE DE PIEUILLET (1)

J'ai pénétré dans ces rochers sauvages
    D'où le Fier s'échappe sans bruit
    Comme un esclave qui s'enfuit
Et court chercher de plus riantes plages.
Le batelier, armé d'un aviron pesant,
Aidait les coups pressés de ma rame légère,
Et mon esquif rasait la rive solitaire
Où le flot, à regret, mourait en frémissant.

---

(1) Poésie publiée par F. Descostes dans son ouvrage: A Travers la Haute-Savoie,
et par Croisollet dans son premier volume, Histoire de Rumilly.

Quels sublimes tableaux ont attiré ma vue !
Là, le vautour s'élançait dans la nue,
Ou comme un trait descendait sur les eaux.
Là, sur des roches déchirées,
Bâtis par des mains ignorées,
Des murs pendaient et noircissaient les flots.

A travers un feuillage sombre
Ici mon œil plongeant dans l'ombre,
D'une grotte profonde embrassait les contours ;
Là, les débris d'une cellule antique
Semblaient garder encor la trace prophétique
D'un solitaire, homme des anciens jours ;
Et plus loin, comme un pont immense
Renversé par la main du temps,
Un rocher aux agrestes flancs,
Sur le fleuve obscurci s'élevait en silence ;
Son front était couvert d'un groupe de sapins,
Et blanchissant à travers leur ombrage,
L'étroit sentier qui conduit au village
Serpentait en montant vers les rochers voisins,
Tandis qu'une onde jaillissante
Du pied des arbres frémissants
Tombait en cascade écumante
Au sein des flots retentissants.

Ravi de l'imposante scène
Que la nature étalait à mes yeux,

J'ai fixé mon esquif au tronc brisé d'un chêne
  Qui jadis ombrageait ces lieux ;
   Et sur un roc creusé par l'âge,
   Que le timide voyageur
  De loin contemple en fuyant le rivage,
   Mes pas ont gravi sans terreur.
Là, sous le poids d'une extase sublime,
Tantôt avec effroi je mesurais l'abîme
  Où s'écoulaient les flots silencieux,
Tantôt mon œil séduit courant de cime en cime
Semblait avec les monts s'élever vers les cieux.

Qui jadis, m'écriai-je, en sa course hardie,
Avait franchi ces rocs, ces éternels remparts?
Quels bras avaient dressé sous les yeux du génie
Ces murs, dont les débris étonnent les regards?
Là peut-être passaient des légions romaines
  Quant du haut des Alpes hautaines,
  Tel que l'aigle de leurs déserts,
  Vers la Gaule et ses riches plaines
César prenait son vol et leurs portait des fers.
Là peut-être, plus tard quand des glaives sauvages
  Brisaient le sceptre des Romains,
  Et que sous de barbares mains
S'écroulaient des beaux-arts les fastueux ouvrages,
Quelques hommes pieux venaient sur ces rivages
En priant l'Eternel oublier les humains.

Ah! qui pourrait remonter dans les âges,
Et, du passé déchirant les nuages,
Me montrer ces rochers tels qu'ils furent jadis?
Hélas! comme ces eaux, souvent un peuple passe,
Quelques siècles après cherchez encor sa trace :
    Il n'a laissé que des débris,
Dont même chaque jour le souvenir s'efface.

Mais déjà le soleil, du haut de Colombier,
    Ne jetait plus qu'une faible lumière ;
    Déjà la nuit déroulant sa bannière
S'avançait à grands pas dans les grottes de Fier.
Ainsi que des géants d'une forme changeante
Agitant dans les cieux de lugubres drapeaux,
Les rochers couronnés d'arbres aux noirs rameaux
Jetaient au loin sur l'onde une ombre menaçante,
    Et près de moi frappant les airs
    Du bruit de leurs ailes funèbres,
Passaient et repassaient ces oiseaux des ténèbres,
    Tristes messagers des revers.

    Fuyant alors le roc sauvage,
    Je descendis vers le rivage.
    En glissant sur le sein des eaux,
Semblable au vieux nocher des ombres,

Je cotoyais ces rives sombres,

En répétant tout bas ces mots :

Seigneur, qu'est-ce que l'homme? un fantôme qui pleure,

Au sein d'un orage emporté ;

Un insecte rêvant, dans sa frêle demeure,

Une vaine immortalité ;

Un jouet de ta main qui n'est rien par lui-même,

Un débile roseau qui se brise sans toi ;

Un esclave insolent qui méconnait son maitre

Et qui ne peut lasser la bonté de son roi.

TABLE

www.ingramcontent.com/pod-product-compliance
Lightning Source LLC
Chambersburg PA
CBHW051719090426
42738CB00010B/1989